Hey Adicción, Gracias por NADA

Una Guía Brutalmente Honesta para Amar a un Adicto Sin Perder la Cabeza

§

Un Recurso para Todos los Humanos que Aman a un Adicto, incluyendo Terapeutas, Médicos y Otros Profesionales

MEREDITH BEARDMORE
MA, LMHC

TABLA DE CONTENIDO

Introducción: El Agobio 1

Capítulo uno: Perdona, ¿soy yo el Loco? 17

Capítulo dos: Un Cuchillo En Mi Pecho............46

Capítulo tres: La Aceptación es una Perra 56

Capítulo cuatro: No 68

Capítulo cinco: Detente y sé
Padre de ti mismo.........................88

Capítulo seis: Soy Portulaca 97

Capítulo siete: Escucha a Rafiki 110

Capítulo ocho: Contienes Multitudes 118

Gradecimientos 123

Acerca del libro.........................126

Sobre la autora 128

VI

AUTOR
ANTECEDENTES

Meredith Beardmore es psicoterapeuta con consulta privada a las afueras de Nueva York, pero quizá la conozcas como "Mend with Mere", que es el título de su exitoso canal de YouTube. Se graduó en la Universidad Estatal de Ohio con una maestría en Consejería Clínica de Salud Mental, considerada nº 1 entre los diez mejores programas del país por U.S. News & World Report. Está especializada en el abuso de sustancias, apoyando a los miembros de las familias de las poblaciones adictas y tratando a adultos emergentes con diversos problemas, desde el desarrollo de la identidad hasta la depresión. Meredith utiliza modalidades terapéuticas como la Terapia de Aceptación y Compromiso (ACT), la Terapia Cognitivo-Conductual (TCC) y enfoques centrados en el cliente, e incorpora a su trabajo técnicas de Mindfulness y Artes Expresivas. Meredith es la antigua Coordinadora de AOD (Alcohol y Otras Drogas) del Iona College, miembro de la Asociación de Ciencias Contextuales del Comportamiento (ACBS), de la Asociación Americana de Consejería y Guardiana Certificada para la Prevención del Suicidio. También es Educadora/Facilitadora, formando a otros terapeutas sobre el consumo de sustancias y el suicidio del cliente para que los asistentes obtengan CEUs (Créditos de Educación Continua) para renovar su licencia profesional para ejercer en el Estado de N.Y.. Además, ha sido ponente en varias conferencias sobre el uso de Técnicas de Artes

Expresivas en Consejería de Grupo.

Meredith creó su popular canal de YouTube, "Mend with Mere", para llegar a un público más amplio desde que la consulta privada empezó a parecerle limitante. Al principio, Meredith se propuso debatir sobre temas que normalmente se reservan para la terapia; sin embargo, rápidamente empezó a reaccionar y a diseccionar las letras de artistas musicales, principalmente Taylor Swift, después de que un suscriptor se lo pidiera. Este " glitch " ha conseguido miles de suscriptores, más de 2 millones de visitas y más de 100.000 horas de visualización. Los espectadores sintonizan ansiosos las reacciones, la orientación y el apoyo de Meredith. Aparte de su presencia en Internet, Meredith es una oradora pública, a menudo contratada para dar charlas y sesiones de formación. También ha colaborado en **The Huffington Post** y **BuzzFeed**, y ha sido publicada en "Teaching Peace" de Colman McCarthy.

Tras haber amado a varias personas con problemas de adicción desde su adolescencia, Meredith lleva mucho tiempo escribiendo y dibujando sobre estas experiencias. Ahora, aporta sus conocimientos personales y profesionales sobre lo absurdo de estas situaciones, junto con sus Técnicas de Artes Expresivas y su sentido del humor, a quienes, como ella, aman a alguien con problemas de adicción. Meredith vive con su perro Mini Aussie, Reese, y su hijo, Jules, en New Rochelle, NY.

PREFACIO

A los lectores de este libro- Sí, mi hermana comparte algunas cosas sobre mí... y aunque no disfruto reviviendo el pasado, tiene mi consentimiento para compartir su experiencia sobre mi adicción. Aunque no siempre estamos de acuerdo, sin duda coincidimos en dos cosas: en la necesidad de una mayor curación en torno a la adicción y en reírnos de cosas jodidas. ¡Te quiero, Mere!

Leslie Beardmore-Hibbitts

DEDICATORIA

Este libro está dedicado a mi abuelo y a Jules.
Abuelo- Gracias por animarme a escribir desde
más allá de la tumba. Jules- Gracias por elegirme
como madre.

Hey Addiction,
thanks for
NOTHING.

Introducción
El Agobio

Así que elegiste mi libro: ¡bienvenido! Me alegro (o no tanto) de tenerte aquí. A pesar de lo llamativo del título, puede que te estés preguntando de qué se trata este libro. ¿Es serio? ¿Divertido? ¿Absurdo? Sí, sí y sí. Pero lo más importante es que es un espacio seguro para cualquiera que haya apoyado a un ser querido en la adicción, de alguien que ha estado ahí.

Soy Meredith Beardmore, una veterana psicoterapeuta especializada en apoyar a seres queridos afectados por el abuso de sustancias. Aunque da miedo admitirlo, yo también tengo seres queridos cuya adicción impregnó todas las facetas de su existencia, y he vivido a la sombra de su daño. Ojalá ser experta en este campo significara que puedo "salvar" a mis seres queridos de su enfermedad y que yo estaría exenta de sufrir periféricamente. Pero, por desgracia, la adicción no discrimina; no le importa tu sexo, situación socioeconómica o puesto de trabajo. Es universal. Uno no puede escapar de quedar atrapado en los daños colaterales de todo ello.

Durante mucho tiempo, no quise revelar que yo también sufría como mis pacientes. Incluso a mí, como mujer en una posición de poder percibido, me asustaba ser transparente con mis experiencias y mi dolor. Sabía del estigma del que hablaban mis pacientes y sentía su control asfixiante. Sin embargo, conocía perfectamente el poder de la vulnerabilidad, y a menudo animaba a mis clientes a superar el miedo y decir su verdad, así que ¿cómo no iba a hacer yo lo mismo? La vulnerabilidad se siente como una exposición, pero sólo he visto efectos positivos al ser transparente sobre quién soy y por lo que he pasado. Además, ¿quién quiere sentarse frente a un terapeuta que no haya pasado por alguna mierda? Yo no.

Así pues, dejaré atrás el barniz de profesionalidad para que prevalezcan la honestidad, la inclusión y, sobre todo, la realidad. Realidad significa que las groserías serán bienvenidas, puesto que ya no me filtraré para hacer más digerible la brutalidad de la adicción. No es pinche digerible; parece que te estás ahogando en tu propio vómito, y no hay nadie que te ponga de lado. No hay ningún libro en el mercado que proporcione un respiro momentáneo de la nube oscura de la adicción, y esto, francamente, me encabronó. Por lo tanto, he creado un lugar de solaz para las personas que buscan un refugio de lo que yo llamo "El Agobio" de amar a alguien que experimenta una adicción (más sobre esto más adelante). ¿Necesitas este espacio seguro al que puedas acudir, con defectos y todo? Piensa en las siguientes afirmaciones y anota mentalmente si te sientes identificado.

Sospechas que alguien a quien quieres tiene una adicción.

Si has sentido siquiera una leve punzada de curiosidad al respecto, lo más probable es que sí tengan una adicción. Puede que sean expertos en ocultarla o que, en el fondo, no quieras verla.

Amas a alguien con una adicción y quieres salvarlo.

Te rompe el corazón su agonía y te sientes impotente. Queriendo proteger a esa persona, callas su secreto. Algunas personas de tu vida han notado un cambio sutil en ti. Pero pones cara de valiente, creyendo que todo acabará pronto y que podrás salvarlos.

Amas a alguien con una adicción y te sientes confundido.

Sigues intentando anticiparte a sus necesidades y reacciones, interviniendo cuando puedes para ayudarlos a evitar consecuencias mayores, pero no se detienen. Aunque te estás volviendo muy bueno maniobrando en torno a su volatilidad, no puedes calmar las aguas como antes. Entras y sales de cuestionar tu propia cordura y te pasas horas completamente acribillado por la ansiedad o llorando a moco tendido.

Amas a alguien con una adicción y, maldita sea, ¡van a cambiar aunque sea lo último que hagas!

No importa si tienes que gritar, suplicar, llorar o actuar como un puto maníaco total; ¡dejarán esta adicción! Ya no te importa quién lo sepa; ¡vas a asegurarte de que se lo toman tan en serio como tú! Así que, ¡tiene que parar YA! Quiero decir, ¡a la CHINGADA!

Amas a alguien con una adicción y estás derrotado.

Te sientes emocionalmente destruido, te golpea el dolor y agitas la bandera blanca de la rendición. Te das cuenta de que está fuera de tu control, te preguntas cómo has llegado hasta aquí y te escandaliza en quién te has convertido. Necesitas ayuda porque tu corazón vuelve a romperse, pero esta vez se rompe por *ti*.

Si esto te resuena de alguna manera, lo siento mucho. Debes saber que no estás solo; somos muchos. Y si no tienes ni idea de lo que estoy hablando, siéntete jodidamente afortunada..

Pregúntame lo que quieras conmigo
Respuestas que desearía haber tenido antes Empezar este viaje

¿Has tratado alguna vez con un ser querido con problemas de adicción?

Sí, tuve la suerte de experimentar ese caos muy pronto. Mi hermana sufrió adicción a la heroína cuando yo aún estaba en preparatoria. Intenté distraer a mis padres siendo una perfeccionista exagerada, lo que me llevó al resentimiento, la decepción y, en última instancia, a odiar mi vida y a mí misma. Necesitaba desesperadamente ayuda para comprender esta adicción, pero como todos éramos nuevos en esto, asumí su adicción como una guerrera. Sentí que podía influir y me rompieron el corazón en el proceso varias veces. La terapia sigue ayudando; la quiero mucho y ahora estamos muy unidas. El tiempo y los límites funcionaron, y ya no me tomaba su adicción como algo personal, ni creía que yo la hubiera causado ni pensaba que pudiera curarla. Llegué a comprender que sólo soy responsable de mi propia vida. Pero, de nuevo, eso fue sólo el principio. He tenido que "desaprender" muchos comportamientos que aprendí en esta época.

¿Estás o estuviste en terapia? ¿Pero también eres terapeuta?

Sí, es una buena práctica que todos los terapeutas sigan implicándose en su propia terapia personal, ya que nos hace mejores terapeutas. Trabajo con familias afectadas por la adicción, personas que luchan contra problemas de adicción y clientes que experimentan problemas como ansiedad, depresión, imagen corporal y desarrollo de la identidad. He sido testigo del profundo impacto de la terapia. Aunque pueda evocar mis emociones o recuerdos personales, sé el poder que tiene sentarse con alguien que realmente "entiende" los efectos de la adicción.

¿Quién inspiró este libro?

Es muy complejo. Yo misma, mi familia, mi marido, mis amigos y mis clientes.

¿Así que acabas de empezar a dibujar escenas muy jodidas fruto de la adicción?

Sí, más o menos. A menudo me piden recomendaciones de libros. Los clientes quieren apoyo, comprensión y, lo que es más importante, humor para hacer frente a la locura de amar a un adicto. No pude encontrar ninguno. Empecé a dibujar algunos de los ridículos escenarios basándome tanto en las historias que los clientes compartían conmigo como en experiencias de mi propia vida. En una sesión, presenté un dibujo que representaba exactamente la situación que estaba viviendo mi cliente. Nos reímos juntos durante cinco minutos. Fue terapéutico. La locura representada proporcionó un alivio cómico muy necesario. El dibujo y el procesamiento de la imagen ayudaron a identificar los comportamientos exactos que el cliente realizaba en respuesta al adicto y que necesitaba detener. No estoy seguro de cuántas sesiones adicionales habrían sido necesarias para que ese cliente estableciera la conexión. Aun así, puedo garantizarte que cuando el arte imita a la vida, resuena profundamente. Atraviesa los mecanismos de defensa, permitiendo a las personas ver claramente los cambios necesarios en su comportamiento, igual que hacen los adictos.

"Has aludido a otras experiencias con la adicción y a "desaprender" conductas. ¿Puedes dar más detalles?

Mi matrimonio ha sorteado la tormenta de la adicción, pero, por desgracia, incluso estando especializado en adicciones, me convertí en el clásico facilitador con todos los rasgos distintivos, como la negación y la ira, una pizca de complejo de salvador y una fuerte dosis de codependencia (hablaremos de ello más adelante)."

Los terapeutas pueden ser muy hábiles trabajando con otras personas, pero pueden pasar por alto, distraer o ignorar los problemas obvios de sus propias vidas (cualquiera que te diga lo contrario miente, es un inconsciente o un mentiroso). La adicción es una enfermedad que afecta a toda la familia y actúa como caldo de cultivo de la codependencia. Si no estás familiarizado con la codependencia, es cuando te sientes prácticamente inútil si no te necesitan. ¿Por qué la codependencia es tan frecuente en las familias con adicción? La respuesta es la vergüenza. La vergüenza y la codependencia están estrechamente relacionadas. El individuo que lucha contra la adicción sufre sin duda, y la vergüenza está profundamente entrelazada en el desarrollo de la adicción. Las personas que rodean al adicto pueden caer en un ciclo de "arreglo".

Los adultos en relaciones sanas son capaces de hablar por sí mismos, establecer límites y reconocer sus propios límites. Cuando alguien, como yo, se cría en un hogar que carece de estos rasgos y en el que está presente la adicción, empieza a ver y comprender que las relaciones a menudo pueden estar desequilibradas. Con el tiempo, este desequilibrio se normaliza.

Por ejemplo, fui testigo de cómo mis padres intentaban obsesivamente "arreglar" la adicción de mi hermana. Cuando no podíamos localizarla, toda la familia experimentaba una gran ansiedad. Ten en cuenta que los teléfonos móviles empezaban a ser de uso común en aquella época. Así es, no había localización compartida, ni aplicación "Buscar a mis amigos", NADA. Cuando mi hermana se metía en líos, hacíamos todo lo posible para evitar que se enfrentara a las consecuencias de sus actos. Creíamos que la ayudábamos de verdad, sin comprender que estábamos perpetuando el secreto y el control. Sentía que mi papel era distraer a mis padres de su dolor destacando en la escuela, los deportes o cualquier otra actividad. Creía que les estaba demostrando que seguían siendo unos padres estupendos, sobre todo porque expresaban sentimientos de fracaso. Sin embargo, cuando mis logros no me proporcionaban una distracción o felicidad duraderas, me cuestionaba mi valía. Ahora siento el impulso de defender a mis padres y minimizar mi propia experiencia, pero lo cierto es que hacían todo lo que podían en medio de las peores circunstancias -sumergirse en las profundidades de la desesperación- y era problemático igualmente.

Bien, volveré a la historia de mi matrimonio. Debido a la adicción de mi hermana, me volví codependiente sin saberlo. Antes de comprender realmente cómo me afectaba la enfermedad, con sus mecanismos de afrontamiento poco saludables, o contribuía a mi baja autoestima (sentirme digna sólo si los demás me aprobaban), buscaba inconscientemente a personas que me necesitaran. Eso me resultaba familiar y me hacía sentir valiosa. Como humanos, gravitamos hacia personas y situaciones familiares. ¿Te has preguntado alguna vez por qué a menudo acabas en amistades o relaciones con personas que tienen atributos que recuerdan a uno de tus padres o a ambos? No me refiero a la teoría potencialmente polémica de Freud (lo siento, amigos psicoanalistas) de que los niños se sienten atraídos por el progenitor del sexo opuesto, que él denominó complejo de Edipo. Me refiero a la impronta, la teoría propuesta por el psicólogo e investigador John Gottman. Su teoría sugiere que a los 18 meses estamos condicionados psicológicamente para sentirnos atraídos por un tipo de personalidad parental distinto. Esta "impronta" surge de factores, entre ellos, quizá el más importante, cómo recibimos (o fuimos privados de) el amor, la intimidad y la seguridad de nuestros padres o cuidadores.

Creo que es una mezcla de impronta y estilos de apego. Los trabajos de Bartholomew y Horowitz discuten los cuatro estilos de apego diferentes y cómo nuestro condicionamiento psicológico y social forma estos patrones de apego, convirtiéndose así en nuestro plano subconsciente para la atracción y selección de relaciones o amigos. Esto no siempre es negativo, ya que la impronta y los estilos de apego formativos de cada uno suelen presentar una combinación de rasgos deseables y desafiantes. Esto quedó claro cuando hablé de mis problemas con mi amiga Kate, que también es una psicóloga clínica estupenda. Me dijo: "Mere, estoy oyendo cosas de apego...

como ansiosa evitativa...". Mierda. ¿Cómo no me di cuenta? Cuando mencioné que incluso los terapeutas tienen puntos ciegos cuando se trata de ellos mismos, lo decía en serio.

Hay que reconocer que me desvié del tema para llegar a mi punto principal: tanto tú como yo podemos reconocer y aceptar nuestros patrones y papeles en el ciclo de la adicción una vez que comprendemos sus orígenes, ¡viva la terapia! Este reconocimiento no consiste en culpar a nadie, sino en comprender estas pautas y plantearse el cambio. Aunque es cierto que los adictos a veces pueden actuar de forma irracional o impulsiva, debemos reconocer nuestro papel activo en la respuesta a estos comportamientos y, a veces, en su habilitación. Por supuesto, hay excepciones, pero la mayoría de las veces no somos simples observadores pasivos. El adicto no nos obliga a meternos en ninguna de las situaciones de locura en las que podemos encontrarnos. Si alguien me hubiera dicho esto cuando era más joven, habría discutido con él hasta ponerme azul o habría imaginado formas de hacerle daño físico por no "comprender" mi realidad. Pero con la claridad llega la comprensión: nuestras reacciones a las situaciones desencadenantes nos ayudan o nos perjudican, y tenemos control sobre esas reacciones.

Una vez que puedas verte a ti mismo con claridad, podrás darte cuenta de cómo tu comportamiento y tu respuesta a determinadas situaciones provocadoras te benefician o te perjudican, y de que tienes control sobre tu respuesta.

Pondré un ejemplo de mi propia vida. Recibí una llamada en la que me informaban de que mi marido había chocado con su auto contra un poste de la luz, y me pidió que fuera por él al lugar del accidente. Antes, me habría subido al auto y habría corrido hacia allí como una salvadora, la que "lo arreglaría todo". Entonces, me encontraría furiosa una vez que toda la información sobre el suceso se asentara. Mi rabia probablemente empeoraría aún más si él no me daba el reconocimiento que yo creía merecer por haberle "ayudado" (el viejo resentimiento y la codependencia). Este comportamiento mostraría un lado poco bello de mí misma, en el que arremetería contra él y le acusaría de haberlo estropeado todo. No, nadie puede arruinarlo todo de verdad. Pero yo tenía parte en ello.

En el pasado, nunca me habría parado a pensar cómo me sentía ante lo que me pedían; habría dicho que sí instintivamente. Este instinto se remonta a lo que me modelaron en mi familia, sus creencias fundamentales de que "la sangre es más espesa que el agua" y "si un miembro de la familia te necesita, lo dejas todo". (Lo siento, mamá y papá, pero no, no es así.) Está relacionado con la forma en que respondo cuando me necesitan, como si eso significara mi valor. Este sentimiento está profundamente ligado a mi sensación de valía. Ahora sé que soy suficiente. Suena a tópico y me da vergüenza escribirlo, pero es la puta verdad. Nadie puede decirte si eres lo bastante bueno. Sólo tú puedes, y no es justo hacer a otra persona responsable de que te sientas así.

Entonces, ¿cómo respondí a esa llamada? Dije que no. Eso es. No. "No, no voy a ir por ti". Era sencillo, pero me pareció cualquier cosa menos eso cuando pensé por primera vez en mis propias necesidades. Aún tuve que llamar a Kate para asegurarme de que estaba tomando la decisión correcta, porque no me sentía bien en mi cuerpo. En mi cuerpo, sentía que estaba traicionando mis valores y tenía náuseas. Sin embargo, mi mente sabía que podía elegir y que yo era un ser separado (Sí, me doy cuenta de que decir "un ser separado" suena extraño). Aun así, quiero decir que cuando estás atrapado en el ciclo de la adicción y la codependencia, te centras más en las necesidades, los estados de ánimo y los deseos de los demás que en los tuyos propios. Puede que niegues tus propias necesidades por el bien de los demás, lo que puede parecer y sentirse como una habilitación y una complacencia. Puede que incluso te cueste identificar tus propios sentimientos y busques la validación de los demás. Puedes tener un sentido exagerado de la responsabilidad por las acciones de los demás. A veces, tu estado de ánimo está dictado por otra persona, porque no puedes sentirte feliz si ella no lo está. Puede llegar a ser tan abrumador que pierdas el contacto con tu estado de ánimo básico.

Cuidar de los demás parece más fácil que tomar el control de uno mismo; por eso, decir "no" no es fácil. Se siente como una violación. A menudo me repito: "decir no es decirme sí a mí misma". Creo que Oprah lo dijo una vez. Haz una reverencia a la Reina: la adoro. Y es un recordatorio que ayuda inmensamente. Tengo que convencerme de que tener límites está bien. Si esto te resuena, comprende que puede llegar a ser más fácil.

Cuando pongo límites, hago que la otra persona se atenga a sus consecuencias. Verás, nunca ayudé de verdad a mi hermana, a mi pareja o a mis amigos "salvándoles" de sus consecuencias. En todo caso, evitaba que tocaran fondo más rápido y se enfrentaran a la realidad de sus problemas de adicción. Así pues, decir "no" no sólo significa decirme "sí" a mí misma, sino que también representa un acto de amor. Si quieres de verdad a alguien, puedes desprenderte amorosamente y afirmar: "Te quiero mucho y, por eso, no puedo salvarte, pero estoy aquí para cuando estés preparado para mejorar".

¿Me estás diciendo que no tienes que hacer nada?

No, no hasta que la persona esté preparada. A veces, las acciones que les ayudarían pueden parecer hirientes y crueles si se aplican a los no adictos. Por desgracia, incluso las mejores formas de responder a un adicto pueden abrumar a quienes les quieren, ahogándoles en la culpa, la pena, la duda y la rabia.

¿Qué pasa si la gente te dice que estás siendo cruel por no ayudar más? ¿Qué pasa con las personas que te dan consejos o sugerencias?

Que se chinguen... o si necesitas una respuesta más amable, me remito a esta cita: "A menos que alguien haya estado en la armadura de batalla a tu lado, librando la lucha siendo puesto de rodillas, con el corazón roto y su resistencia puesta a prueba, no le corresponde juzgar". - Karen Young".

Creo que ahora lo entiendo. ¿Así que me centro en mí misma y espero a que estén preparados?

Sí.

Pero, ¿y si nunca están listos?

Esta pregunta me entristece, porque la verdad es que algunas personas nunca están preparadas, y la única opción que tienes entonces es dejarlas marchar. Dejarles marchar no significa que dejes de quererles, nunca significa eso. Puedes seguir diciéndoles que estarás ahí cuando estén preparados para cambiar. Esto pondrá amorosamente la responsabilidad de su curación en sus manos, y escúchame bien cuando te digo esto: ése es el único lugar donde debe estar.

Maldita sea. No hay más preguntas.

§

Definiendo mis términos

Como ya se ha dicho, el barniz de profesionalidad se levanta en aras de la realidad y de la brevedad. Aunque no quiero etiquetar a mis seres queridos como "adictos", es más fácil que repetir "un ser querido que experimenta problemas de consumo de sustancias". Cuando me refiera a alguien como "adicto" a lo largo de este libro, considéralo un término general que abarca muchas adicciones: al juego, a gastar, a comer, a sustancias, etc.

La adicción es una enfermedad crónica que, por desgracia, está plagada de estigmas. Existen creencias inexactas de que un adicto ha tenido algún "fallo moral" y que, por tanto, no puede recuperarse por sí mismo. Dado que las etiquetas pueden ser limitadoras, mi objetivo es hablar de forma cercana, evitando términos clínicos, y no contribuir a esos estigmas. Términos como "junkie" y " drogadicto " me resultan hirientes, y si alguna vez los oigo de tu boca, debes saber que no serán recibidos con calidez. Considéralo una advertencia. Debes saber que estas palabras de argot negativo no están relacionadas en modo alguno con mi término "adicto". Nunca utilizo este término de forma despectiva.

Tómate un momento conmigo

De acuerdo, queridos lectores, estoy preparada para que me miren con escepticismo. Pero he incluido algunas preguntas de reflexión y meditación, así como ejercicios, al final de cada capítulo. Sé lo que estás pensando: ¿quién quiere hacer algo que parece una actividad escolar? Yo tampoco, pero te prometo que merecerá la pena. Considéralo similar al ejercicio físico: desafiante en el momento pero satisfactorio después (¡sólo piensa en todos los beneficios!) Estas secciones de reflexión tienen un propósito similar. Verás, puede que yo no tenga todas las respuestas, al no haber caminado en tus zapatos, pero mi objetivo es guiarte para que descubras tus propias respuestas a través de estas reflexiones. Como probablemente hayas tenido que hacer muchas cosas que realmente no quieres hacer, te apoyo totalmente si decides saltarte esa parte. Así que, sin presiones. ¿Te parece bien?

CAPÍTULO UNO
Perdona, ¿soy yo el Loco?

¿Estás harto de los PA (Problemas Ajenos)?

Todo en mi familia estaba tan entretejido que no sabía dónde empezaba yo y dónde terminaba mi madre. Pensaba que así debían ser todas las familias, pero ahora reconozco que mis padres deberían haberme protegido de la adicción de mi hermana. No necesitaba saber todos los detalles, y mi incapacidad para mejorar la situación creó una rabia en mi interior que desembocó en el infame "Día de la Tostadora".

El Día de la Tostadora

Era una cálida mañana de finales de primavera, allá por 2002. Después de que mi mamá y yo fuéramos a por algo de picar, nos dirigimos al apartamento de mi hermana. Nuestro ritual semanal consistía en sentarnos en el lado derecho al fondo del estacionamiento y espiarla. Este lugar de estacionamiento estaba bajo la sombra de un árbol que colgaba, camuflando nuestros rostros mientras especulábamos sobre quiénes eran las personas que entraban y salían. Mi mamá parecía más ansiosa de lo normal y empezó a entrar en pánico. Le preocupaba que echaran a mi hermana, que la detuvieran, que perdiera la custodia de sus hijos, que muriera de sobredosis o que hiriera a alguien bajo los efectos del alcohol. Entonces mi mamá hablaba de que no entendía en qué se había equivocado, por qué Dios había infligido esta enfermedad a nuestra familia, y que pensaba que sus hijas crecerían y vivirían al final de la calle y llevarían una vida bonita y tranquila en la que criaríamos juntas a nuestros hijos. Mi mamá nunca habría imaginado que su hija pudiera ser una adicta. Las cejas de mi madre permanecieron fruncidas y sus ojos se arrugaron, volviéndose acuosos.

Hice todo lo posible por recordarle a mi madre todo lo bueno que había en nuestras vidas. Le recordé que aún me tenía a mí y que nunca la haría pasar por semejante dolor. Intenté distraerla hablándole del sobresaliente que había sacado en el examen de Química y de mis planes para presentarme al consejo estudiantil el año que viene. Pero aquel día, mis palabras no parecieron surtir efecto; continuó con la mirada perdida y los ojos llorosos. Por desgracia, cuando mi madre llora, me destroza y quiero destruir lo que sea que le causa dolor. Desprecio este rasgo en mí. Lo aprendí de mi padre, cuya respuesta típica a las lágrimas era la ira, una respuesta generada por su trauma infantil. Él también se sentía impotente cuando veía llorar a su madre. Por eso, mi madre se sentía como si tuviera que mantenerlo todo oculto en su interior. Me siento mal por ello. Sin embargo, ese día, destruir era lo único que quería hacer. Ya estaba harta.

No recuerdo del todo lo que dije antes de salir del auto, pero cerré la puerta de un portazo y empecé a caminar directamente hacia las escaleras. Golpeé la puerta del apartamento con el puño hasta que una persona cualquiera la abrió. Empujé la puerta contra ellos y empecé a gritar: " ¡Muy bien, todo el mundo fuera!". Un grupo de aspirantes a muertos de hambre estaban cabeceando en el sofá, pero algunos levantaron la vista. Como nadie se levantó, empecé a romper y tirar cosas. El edificio tenía tres pisos y, en un momento dado (según me contaron), agarré una tostadora, salí al balcón y la arrojé al patio, sonriendo mientras caía sobre el pasto enlodado. Realmente no recuerdo el resto del día. No hay más recuerdos que pueda evocar, pero más tarde aquel mismo día, el padre de una de las fulanas llamó a mi mamá. Estaba muy angustiado porque su "hija loca" había roto la tostadora de su hija. "Espera, ¿qué? ¿Perdona? ¿Yo soy la "hija loca"? ¿WTF?" Pero en cierto modo tenía razón; perdí la cabeza, pero seguía atónita por que me consideraran la "loca"".

En retrospectiva, la mayor parte del tiempo me mantuve alejada de las drogas y el alcohol porque mi hermana luchaba contra la adicción. Sin embargo, en lugar de recurrir a las sustancias, actuaba de formas peculiares. Por ejemplo, mi mejor amiga y yo íbamos a comer a Wendy's casi todos los días y pedíamos un té dulce grande. El té dulce que no se consumía al final de la comida se utilizaba como arma cómica. Una vez nos quedamos atrapados en nuestro auto detrás de un hombre que transportaba su barco hasta la entrada de su casa. Impacientes por la espera, tiramos el té dulce por la ventanilla y vimos cómo explotaba al chocar contra el interior de la barca, el hielo salpicaba por todas partes como una granizada y el té salpicaba el interior. Esto nos dio pura alegría. (En nombre de Chelsie y mío, si le pedimos disculpas a ese hombre).

Verás, la gente sólo puede soportar cierta cantidad

de estrés antes de que salga a la luz. Mientras lo disimulaba todo con sonrisas y buenas notas, estaba triste y enojada. Rezaba a Dios para que ocurriera algo que detuviera el dolor. En el budismo se dice que hay dos cosas con las que podemos contar en la vida: el cambio y el sufrimiento. Al principio, esto me frustró. Más tarde, sentí alivio. Si el cambio era inevitable, entonces me aferré a la esperanza de que tal vez el caos provocado por la adicción de mi hermana acabaría con el tiempo.

Y sí, el cambio llegó finalmente cuando el que pronto sería ex marido de mi hermana se estrelló con su moto, se rompió todos los huesos de la cara y estuvo a punto de morir. Ella tomó un avión para estar con él, y mis padres y yo encontramos la paz. Fue la primera vez que pudimos respirar porque ella estaba al cuidado de otra persona. La madre de su ex marido, que es enfermera, ayudó a mi hermana a tomar metadona. Aunque no soy fan de mi ex cuñado, le estoy agradecida por la decisión que tomó aquel día de conducir una moto sin casco.

Pero volviendo al "Día de la Tostadora", hace poco le pregunté a mi hermana sobre ello desde su perspectiva, y me dijo que yo daba mucho miedo. Pensaba que yo había encabezado toda la misión. Aunque básicamente lo había hecho, nos dimos cuenta de que yo sólo tenía 16 años por aquel entonces. Nos quedamos sentados un momento, asimilando ese hecho. Siempre he actuado como el hermano mayor, aunque mi hermana es casi cuatro años mayor que yo. Aun así, no solía comportarme así, así que algo debió de estallar en mí. Mirando atrás, creo que creía que tenía el poder de cambiar a mi hermana, de salvarla a ella y a mi familia, pero en realidad era impotente. He sido dura conmigo misma por no haberme dado cuenta antes, pero nadie me lo enseñó. Nadie me aseguró que lo superaría y que tenía que volver a centrarme en mí misma. Debería haber sido responsabilidad de mis padres guiarme y protegerme. Sin embargo, en aquella época todavía existía un estigma importante en torno a la terapia, y buscar ayuda significaba admitir que su hija era adicta.

En aquella época, e incluso hoy, ser considerado adicto era parecido a llevar una letra escarlata. Todos los nombres crueles, como perdedor y junkie, no sólo se asociarían a mi hermana, sino también, a ojos de mis padres, a ellos. Mis padres carecían de un punto de referencia para lo que estaba ocurriendo; estaban en modo supervivencia. Siento una inmensa compasión por ellos, pues no puedo ni imaginarme tener que soportar una situación así como padre. Sin embargo, su obsesivo empeño en ocultar y detener su adicción me estaba haciendo daño, aunque nunca fuera su intención. Sencillamente, no podían ver el impacto que tenía en *mí*. Me vi envuelta sin querer en todas las facetas de la terrible experiencia. Nadie me protegía de nada. Puede que siempre pareciera madura o "adulta", pero no era mi responsabilidad cargar con ello.

Corrección: Carol Beardmore me ha informado de que, en efecto, me protegió de muchas cosas de las que *aún* no tengo conocimiento. Gracias, mamá.

En lo Profundo de las Trincheras

No soy fan de la guerra, ni me gusta cuando la gente utiliza metáforas bélicas (o deportivas). Irónicamente, estoy a punto de hacerlo porque intentar salvar a alguien de la adicción se siente realmente como una guerra. No me estoy imaginando algo como una guerra nuclear, sino algo parecido a la Primera Guerra Mundial, en la que sólo tienes un fusil y una asistencia médica limitada para las heridas. (A menudo utilizaban una guillotina para amputar en aquella época -¿WTF?) Y tienes que cagar en un agujero mientras luchas simultáneamente por tu vida. Cuando entraste voluntariamente en esta guerra, decidido a luchar contra la adicción de tu ser querido, no te dabas cuenta de que estarías solo en las trincheras. Pero lo estás. Con cada palada en el suelo, cada saco de arena apilado y cada trampilla montada, has construido esta trinchera para ti. Has creado allí un hogar. Mientras apenas puedes comer o dormir, tiritando y cubierto de barro, sigues asomándote por el borde, evaluando el momento adecuado para atacar la adicción. Sigues ajeno al hecho de que esta guerra no es tuya para luchar. Estás desilusionado, inconsciente de que estás en lo más profundo de las trincheras de "El Agobio".

Una noche que no podía dormir, cansada de hojear las noticias de la cultura pop, decidí visitar a mis amigos nocturnos, Thesaurus y Dictionary. com. Naturalmente, a menudo me viene a la mente un sentimiento o un acontecimiento. Para relajarme, exploro los posibles significados y la etiología de las palabras que pueden abarcar la complejidad de ese sentimiento o suceso (culpo de esta compulsión a Internet.) Por ejemplo, solía sentirme ligeramente decepcionada por mi uso constante del término "El Agobio" para describir el estado en que crees que estás ayudando a un ser querido con una adicción, pero en realidad estás interfiriendo. Me animaría a encontrar un término mejor. Sin embargo, cuando consulté a mis amigos sobre la palabra "agobio", solté un audible "ah, sí, sí" al confirmar que "agobio" captaba perfectamente el sentimiento.

Este verbo tiene muchas definiciones, como

- Dejar indefenso, como con mayor fuerza o profunda emoción; aplastar; dominar.

- Tener un fuerte efecto emocional sobre alguien.

- Dar demasiado de una cosa a alguien; inundar.

- Enterrar o ahogar bajo una gran masa.

- Derrotar completamente.

Esta palabra comenzó como un término marítimo medieval, que significaba zozobrar: engullir, arrollar y sumergir. Cuando estás en "El Agobio", no crees que te "ahogarás bajo la masa" de él, pero lo harás. Sigues viviendo en la ilusión de que la adicción será vencida, pero en realidad, no tienes ningún poder, ninguna capacidad para luchar contra la adicción de otra persona. Espera, ¿necesitas imágenes? Genial, eso también me ayuda. Echa un vistazo a algunos escenarios de mi vida, de mis amigos y de mis clientes que captan "El Agobio".

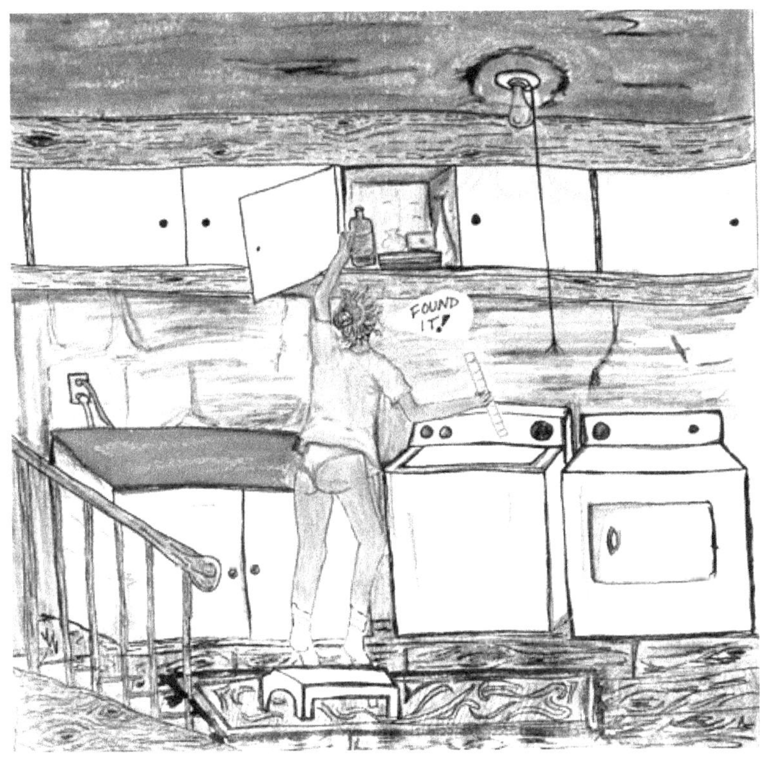

¿Alguna vez te has escabullido en el sótano con
una regla a las 3 de la madrugada para sacar
1/4 de una botella de licor y rellenarla con la
cantidad exacta de agua, para que no se detecte?

Recuerda, no eres Walter White.

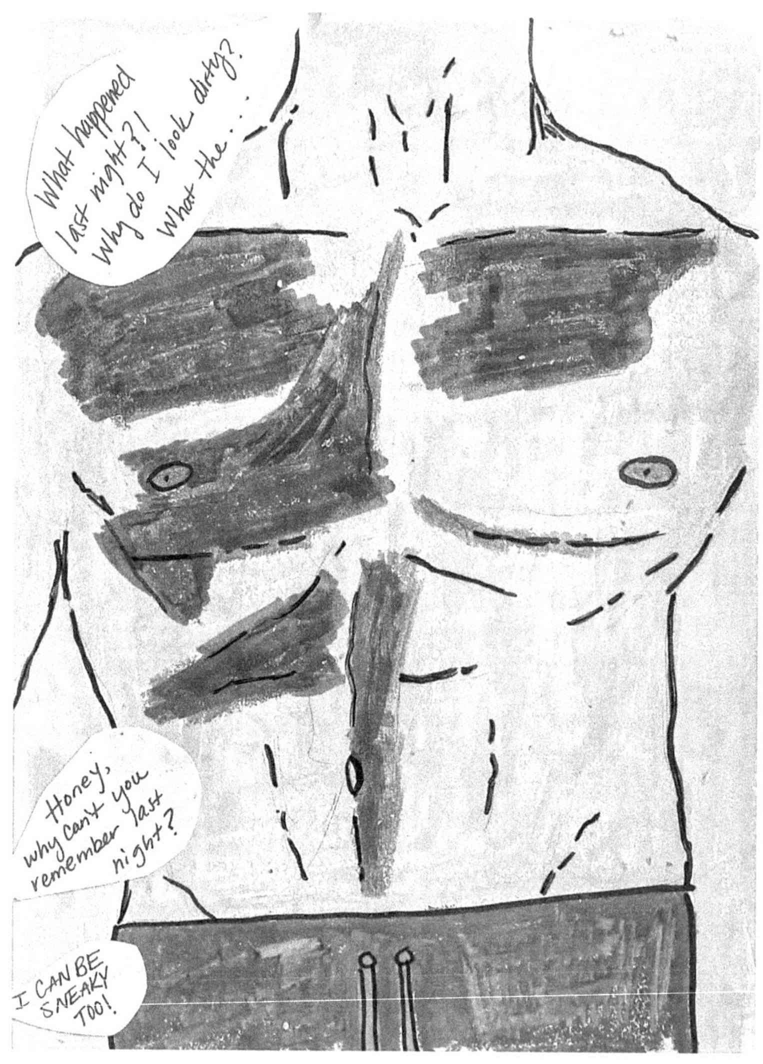

¿Alguna vez has estado tan enojada que le diste bronceador sin sol en vez de loción a tu marido intoxicado después de ducharse, para que se despertara con aspecto sucio? ¿Lo has hecho? Genial, yo también.

La ira se manifiesta de las formas más extrañas.

¿Alguna vez has visualizado un tablero de ajedrez en el techo y has repasado las distintas jugadas que podría hacer el adicto, para poder intervenir sigilosamente?

No eres Beth Harmon de "Gambito de Dama";

ella alucinaba con las pastillas.

¿No es graciosa la ironía?

¿Has robado alguna vez el auto de tu hermana
en casa de su traficante de drogas, sólo para que
éste apareciera en tu puerta porque olvidaste
bajar la puerta de la cochera?

Ah, son los pequeños detalles los que cuentan.

¿Alguna vez te has pasado toda la noche
espiándoles, para luego arrepentirte de tu
condición de acosador cuando al día siguiente
apenas puedes funcionar?

Dilo conmigo: "NO PUEDO CAMBIARLOS".

¿Alguna vez te has planteado dejar que tu pareja
saliera desnuda al pasillo del hotel porque no
encontraba el baño?

Lo sé, lo sé: no querías que sufriera las

30

consecuencias de emborracharse antes de las 12
de la noche.

¿Alguna vez has escondido las llaves del auto
para que no puedan conducir, pero luego has
olvidado dónde las escondiste?

Es horrible, sobre todo cuando necesitas su
ayuda para buscarlas.

¿Alguien quiere un pito de whisky?
Si lo sabes, lo sabes.

Consecuencias = Magia

Estás asumiendo demasiado; te inunda el dolor y te sientes derrotado porque ésta no es tu lucha. Detente un momento: ¿cuándo ha sido bueno proteger a alguien de las consecuencias de sus decisiones? Intervenir sólo estropea tu propia vida. Sí, puede empezar de forma inocente, con las mejores intenciones, pero igual que en los escenarios ilustrados, ¡BAM! estás jodido.

Has oído el dicho de que la gente tiene que tocar fondo antes de poder cambiar, ¿verdad? Es cierto, así que, ¿quieres hacerte a un lado? En realidad estás siendo más dañino al no apartarte. Apartarse es un acto de amor. Demuestras amor por una persona confirmando tu creencia en su potencial para cambiar. Puedes apoyarles cuando estén preparados, pero hasta entonces, es mejor hacerse a un lado.

Formas de apartarse: Responderme a mí mismo

Deja que se despierten en su propia orina. Que caminen desnudos por el pasillo de un hotel. Que los arresten. Que duerman todo el día y se pierdan una reunión importante. Que se enfrenten a sus propias consecuencias. DÉJALOS.

Lo siento, pero eso suena muy duro.

Sí, puede *sonar* duro, pero recuerda que esta acción está arraigada en el amor.

Sí, _pero probablemente no tengas hijos, y cuando hay hijos de por medio, es más complicado._

Mal y mal. No es complicado; de hecho, es bastante sencillo. Tengo un hijito encantador que hace que mi corazón se llene de una forma que nunca imaginé que pudiera hacerlo, así que puedo decírtelo por experiencia: En primer lugar, debes proteger a los niños del comportamiento destructivo, la negligencia y las discusiones verbales o físicas. Si esto ocurre, debes asegurarte de que los niños estén a salvo y protegidos. Esto implica dar prioridad al bienestar de tus hijos y al tuyo propio por encima de las preocupaciones del adicto y de lo que puedan pensar los demás. Por supuesto, no quieres que el padre de tu hijo no forme parte de su vida, vaya a la cárcel o experimente cualquier consecuencia adversa de sus elecciones. Pero tienes que comprobar contigo mismo por qué estás interviniendo realmente.

Por ejemplo, tu ser querido puede acabar en la cárcel debido a su adicción. ¿Tu decisión de intervenir está motivada por el deseo de evitar que ellos y los niños pasen vergüenza? ¿O tu intervención está impidiendo inadvertidamente que tu ser querido llegue a un punto en el que decida hacer un cambio? Deberías centrarte más, siempre, en esto último, porque las consecuencias son mágicas. De verdad, hacen que el cambio se produzca más rápido de lo que podrías imaginar.

Cuando conocí a mi marido, parecía una persona limpia; no bebía alcohol. Pero como me encantan los chicos malos, a menudo consumía cannabis. Sus sentimientos negativos hacia la bebida eran firmes. Mucho antes de que la hierba fuera legal en Nueva York con fines recreativos, criticaba abiertamente la naturaleza regresiva de que el alcohol fuera legal y la marihuana no. Hablaba de cómo la gente normalmente no conduce cuando fuma hierba, sintiéndose más relajada y sedada, y de cómo no hay resaca al día siguiente. También hizo hincapié en que no te vuelves más agresivo cuando estás high, y señaló que el alcohol es mucho más peligroso y adictivo. Aunque estos puntos podrían hacerse sobre el alcohol sin compararlo con la hierba, su convicción me resultó atractiva, sobre todo porque mi tía Kristy murió el día de su cumpleaños 17 por culpa de un conductor ebrio.

Ocho años después, mi marido y yo estamos comprometidos con un niño de 2 años durante la primera pandemia desde 1918. Él se queda sin trabajo durante 7 meses, y yo trabajo más que nunca, apoyando a mis pacientes en una época impredecible. Inocentemente, mi marido probó una bebida mezclada después de ver florecer mi lado tonto tras mi diversión con un poco de ginebra. Durante ese tiempo, yo estaba constantemente estresada y sombría, así que acogimos con satisfacción el cambio. Necesitábamos un respiro de la incertidumbre de la pandemia. Desgraciadamente, la bebida se apoderó de él y de nosotros, y dos años después le pedí la separación.

¡¿Qué ha pasado en esos dos años?!

Parece tanto algo borroso como una pesadilla. La adicción de mi marido había empeorado tanto, TANTO. Puedo tomarme una copa o dos y ya está. El alcohol me revuelve el estómago, y estoy convencida de que contribuye a las infecciones urinarias (disculpad el TMI). Éstas son principalmente las razones por las que lo evito. Sin embargo, se convirtió en el principal medio de alivio del estrés de mi marido, que sin duda tenía estrés.

Mi marido tiene una ética laboral increíble, y su carrera le daba -como a la mayoría de la gente- un propósito. Así que cuando la pandemia le arrebató su carrera, se encontró en una situación oscura. A esto se sumó mi creciente sospecha de que nuestro hijo estaba dentro del espectro. A muchas personas, sobre todo hombres, les cuesta enfrentarse al hecho de que su hijo pueda tener algunas "dificultades" que no habían previsto.

Tras una de tantas evaluaciones, una logopeda se reunió con mi marido y conmigo. Repasó los comportamientos que había observado que coincidían con los síntomas del autismo. Muchos de los comportamientos mencionados eran con los que mi marido podía identificarse. Cuando mi marido fue reconociendo poco a poco que él mismo podría estar dentro del espectro, sintió un profundo sentimiento de culpa y vergüenza, como si fuera "defectuoso" de alguna manera. Por desgracia, no compartió sus pensamientos y sentimientos al respecto durante mucho tiempo. Cuando volvió a trabajar, la bebida empeoró progresivamente.

Entonces, ¿dónde están esas supuestas "consecuencias" que equivalen a magia?

Estoy a punto de llegar a eso. Empezamos a discutir. Empecé a consentirle, luego le guardé rencor por "obligarme" a hacerlo, y él se transformó en otra persona. El ser humano carismático, amable, divertidísimo y bondadoso que había elegido para crear una vida y un hijo con él había desaparecido. Veía pequeños destellos de él, lo suficiente para hacerme creer que no era para tanto y que todo pasaría pronto. Pero no fue así. Pronto, yo también desaparecí; me convertí en otra persona.

Entonces, ¿quién eras?

Era la peor versión de mí misma. Estaba enojada y triste la mayor parte del tiempo. A lo largo de mi vida había lidiado con la depresión y la ansiedad de forma intermitente, pero *esto* era diferente. Esto era un dolor profundo, una pena tan vasta y un profundo duelo por lo que podría haber sido. Había días en que lloraba y lloraba, escondiéndome en el baño o saliendo a la calle para que mi hijo no me oyera. Me enfadaba mucho con él, pero en realidad estaba enfadada conmigo misma porque no podía detenerlo ni arreglarlo. Ninguna súplica, grito o llanto le haría comprender lo mal que se había puesto. Una noche, cuando salía de la regadera intoxicado y me pidió que le pasara la loción, le di bronceador sin sol, pero no se dio cuenta. Soy translúcida (a menudo me llamaban Casper los chicos de secundaria), así que tengo a mano bronceador sin sol para parecer viva. Para mi alegría enfermiza, mi marido se despertó con un aspecto realmente sucio. REALMENTE sucio. Le pregunté qué había pasado y me hice la tonta. Disfrutaba hoscamente del hecho de haber hecho esto y tener algún tipo de control. Esto parece relativamente "inofensivo", pero empeoró; empezamos a vomitar veneno el uno contra el otro a diario.

Finalmente le convencí para que se sometiera a tratamiento, y cedió. Sin embargo, cuando llegó el momento, no se atrevía a hacerlo. Así que hice las maletas, me fui a casa de mi amiga y pedí la separación. Ya no podía más. Dije que nuestro hijo merecía al menos un padre sano, y su adicción me estaba volviendo insana y fea. Me avergonzaba de cómo le estaba tratando a él y, en última instancia, a mí misma en respuesta a su adicción. Le expliqué que su adicción estaba eclipsando el amor y la atención que nuestro hijo necesitaba, y que no podía permitir que su adicción siguiera hundiéndome. No podía seguir en un matrimonio así. Le dije que puede que no entienda por qué hago esto ahora, pero que creo que él no quiere ser así y que puede cambiar. Pedirle a mi marido la separación fue la decisión más insoportable.

¿Cómo reaccionó él?

Al día siguiente fue a tratamiento.

Maldita sea. Eso debió de parecer magia.

No en aquel momento. Sinceramente, me sorprendió que fuera a tratamiento. También me enojé porque deseaba haberlo hecho antes si sabía que lo afectaría.

Parece que tenías muchas razones para hacerlo antes.

Sí, lo hice, pero pensé que podría "salvarlo". Al fin y al cabo, ¡soy terapeuta! Esperaba demasiado de mí misma, pensaba demasiado en mis capacidades, no admitía mis limitaciones y no practicaba lo que predicaba. Fui egoísta al creer que podía con todo, sobre todo porque quería evitar lo que más temía: romper mi familia. Pero, en última instancia, evitar hacer ese ultimátum impidió que se produjera la magia. La consecuencia de perderme "mágicamente" le hizo ver la luz.

¿Así que ahora está todo mejor?

No creo que llegue un momento en que todo esté "mejor". Todos traemos nuestro propio bagaje a las relaciones, y es nuestra responsabilidad ser conscientes de ello y hacer todo lo posible para no agravar el trauma del otro.

Tiempo de Reflexión

Tómate un momento para sentarte en silencio y pensar en tu familia. ¿Te has sentido alguna vez como si estuvieras "entretejido" con otro miembro de la familia, o con varios?

____

____

____

____

____

____

Si es así, ¿ocurrió antes, durante o después de la adicción de tu ser querido? No juzgues los sentimientos o pensamientos que surjan; simplemente toma conciencia de ellos.

____

____

____

____

____

____

¿Has actuado alguna vez de forma incongruente con lo que eres o quieres ser? (Por ejemplo, mandar a volar una tostadora cualquiera, como hice yo)

____

____

____

____

____

____

¿Has experimentado alguna vez una ira intensa en respuesta a la adicción de alguien? Si no es así, ¿qué otras emociones te han surgido?

A veces la gente visualiza las emociones como colores[1]. Si ya lo haces, estupendo; si no, vamos a probarlo. Tómate un momento para pensar en los colores que pueden evocarse en tu interior en respuesta a la adicción de tu ser querido y garabatea, dibuja o golpea el lápiz de color hasta que se rompa en el espacio de abajo:

1   Esto se llama sinestesia; Es una condiciyn neurolygica en la que la informaciyn destinada a estimular uno de sus sentidos, pero en cambio estimula otros tambiйn. Dato curioso: Nikola Tesla, Beyoncй y Pharrell son algunas personas famosas que padecen esta afecciyn.

Utilicé una analogía bélica y el término "El Agobio" para describir el estado en el que sigues creyendo que puedes ayudar al adicto, pero te están aplastando en el proceso. ¿Qué término o frase utilizarías para describir esta experiencia?

____
____
____
____
____
____

¿Qué se te ocurre cuando ves estos escenarios?

____
____
____
____
____

¿Te conectas con alguno de estos escenarios?

____
____
____
____
____
____
____
____

¿Con qué situaciones te has encontrado que no se hayan descrito anteriormente? Diviértete reflexionando sobre esos momentos: te lo prometo, es un buen momento. Reírme de las situaciones en las que me he encontrado siempre ayuda, y espero que tú puedas hacer lo mismo. Si eres artista, considera la posibilidad de dibujar esas escenas en el espacio de abajo. Si el proceso te parece terapéutico, hazte con un cuaderno de dibujo. Dedícalo a tu versión de "El Agobio". Abraza tu lado juvenil y juguetón: pide crayones, lápices de colores o incluso pintura. O, si lo prefieres, recorta imágenes de revistas y pégalas dentro. Recuerda, aquí no hay reglas. ¡Da rienda suelta a tu creatividad!

¿Has impedido alguna vez que el adicto afronte sus consecuencias? Sé realista contigo mismo en este punto. A veces, puede que no seamos conscientes de que lo estamos haciendo, así que examina de cerca tus reacciones o comportamientos que puedan haber interferido en sus consecuencias.

____

____

____

____

____

____

¿Cómo te sentiste después? Puede que hayas interferido muchas veces (no te juzgo, yo también lo he hecho). Examina lo que sentiste durante las distintas veces. ¿Cambiaron tus sentimientos con el tiempo?

____

____

____

____

____

____

Ahora, piensa en cuándo has puesto límites al adicto y le has permitido ser responsable de sus consecuencias. ¿Fue difícil hacerlo? ¿Fácil? ¿En algún punto intermedio? ¿Qué emociones te han surgido?

____

____

____

____

____

____

____

¿Cómo te sientes después de leer que apartarse es un acto de amor?

____

____

____

____

____

Cuando me cuesta hacerme a un lado, recito afirmaciones repetidamente hasta que siento una sensación de calma. Echa un vistazo a las siguientes afirmaciones:

§

Afirmaciones para dar un paso al lado

Hacerse a un lado es un acto de amor.

Esta no es tu batalla. Hazte a un lado.

Demuestras amor creyendo en su capacidad para cambiar. Hazte a un lado.

Los apoyarás cuando estén preparados para cambiar. Hazte a un lado.

CAPÍTULO DOS
Un Cuchillo En Mi Pecho

Duelo Insuperable

En mi vida, he experimentado la muerte de seres queridos. Me he afligido, pero de algún modo, esta aflicción era diferente.

Mientras hablaba de la pérdida con mis amigos íntimos, no podía articular mi dolor. Mis amigos validaron esta experiencia de una forma totalmente nueva.

"Este duelo es complicado y diferente a cualquier otro", dijo Kate. "Mira, el alma de la persona que amabas ya no está en ese cuerpo".

Maldita sea.

"Mantienes un límite con un cuerpo en el que habitaba la persona a la que amabas".

Eso es todo. Me sentí como una viuda. Mi marido, el hombre que conocí antes de que el alcohol y las drogas se apoderaran de él, se ha ido. Simplemente se ha ido. Estoy de luto por el hombre al que tanto quería, carajo. Al mismo tiempo, el adicto que habita actualmente su cuerpo sigue muy vivo. Lo sé porque soy testigo de ello a diario. Me enfrento a la pérdida de la persona que una vez conocí, al tiempo que siento rabia hacia el adicto en que se ha convertido. Esta situación, y el dolor que la acompaña, me hacen sentir loca, realmente loca. Estoy de luto por mi amante y me siento desgarrada por su adicción y sus mentiras. Sin embargo, sigo adelante por el bien de mi hijo y el mío propio; es todo lo que puedo hacer.

Por una vez, fui capaz de reconocer la gran disonancia: el cuerpo de la persona estaba físicamente presente pero emocionalmente desprovisto, como un zombi. Sentí como si me sometieran a un enfoque terapéutico llamado "inundación". En esta técnica, se empuja a una persona al pináculo de un escenario desencadenante de ansiedad, sin ningún medio para suavizar su impacto. Normalmente, esta técnica se utiliza en personas con fobias, con el objetivo de extinguir por completo la reacción negativa a una situación. Así que me encontré participando involuntariamente en este proceso abrumador, sin alivio a la vista. El hecho es que no sé con certeza si volverá a ocupar emocionalmente su cuerpo; por tanto, la técnica de la inundación sólo tendrá un efecto negativo en mí. Ésta es la complejidad del duelo cuando se ama a un adicto.

Mi querida amiga Yvette fue testigo de ello en su propia madre. Cuando el hermano de Yvette se hizo adicto, pasó de ser el hombre que antes adoraba a su madre a un extraño; aunque seguía vivo, era como si ya no estuviera presente en esta Tierra. Con dolor en los ojos, Yvette recordó cómo lloraba su madre. Yvette describió cómo suplicaba a su madre: "¡Mamá, no está muerto! Actúas como si hubiera muerto". Su madre respondía: "Ha muerto. No es el mismo. Estoy de luto por mi hijo".

Tras reflexionar un poco, decidí empezar a preparar el funeral de mi marido escribiendo su panegírico. Era una forma de liberarme del dolor de enfrentarme a una dura realidad: que el hombre que una vez conocí podría no volver jamás. Reservé una noche sola en un hotel. Necesitaba espacio, sobre todo porque la culpa de expresar mi tristeza delante de mi hijo me abrumaba, pero también porque sabía que necesitaba darme permiso para llorar.

"Nos reunimos hoy aquí para recordar la vida de mi marido y padre de nuestro hijo. Aunque la mente y el espíritu de T ya no están con nosotros, su cuerpo físico aún camina por esta Tierra. Hoy reconocemos y honramos su mente y su espíritu, que hicieron que me enamorara de él.

T era un hombre amable que amaba las plantas, los animales y los insectos. Siempre se apresuraba a rescatar una araña, ahuecándola suavemente entre sus manos y dejándola subir por su brazo antes de soltarla. Conectábamos por nuestro amor común por los animales. Trató con cariño a Reese, nuestra mini Aussie, como si fuera su hija, poco después de que yo volviera a Nueva York, tras dos años de larga distancia durante mis estudios de posgrado. Disfrutaba cuidándola, creando una estructura especial de cuencos para su comida y mostrándose increíblemente tierno cuando jugueteaba con su cola. Tenía una forma única de comunicarse con ella, utilizando sonidos específicos que hacían que Reese se revolcara juguetonamente, ansiosa por regarle de afecto.

A T le encantaban los bosques y prosperaba en la naturaleza; estaba en su elemento cuando hacía hogueras y jugaba al frisbee. Era un ávido jugador de ajedrez y ganó una partida improvisada para impresionarme durante nuestra primera cita. Me impresionó, junto con su atención a mis necesidades y sobre todo con su humor. Disfrutábamos de noches sencillas en casa en las que yo era el público de su rutina diaria de monólogos. Yo era su mayor fan, afortunada de estar en primera fila. T era tan rápido, tan inteligente con su comedia. Utilizaba su larga estatura como ayuda, a menudo doblando los brazos y moviendo el cuerpo como un velociraptor.

T era un hombre hábil con el humor. Siempre me ayudaba de formas creativas. Por ejemplo, me hizo agujeros en mi sostén deportivo justo donde estarían mis pezones, para que pudiera sacarme leche para nuestro hijo con las manos libres. T estaba muy orgulloso de ser padre y a menudo llevaba a nuestro hijo en un portabebés mientras fregaba los platos. Nos encantaba dormir juntos en familia. T solía poner a nuestro hijo entre nosotros porque nuestro hijo se sentía demasiado lejos de él cuando dormitaba en su cuna. T y nuestro hijo tienen la misma estructura corporal, lo que contribuye a su capacidad para escalar cualquier pared o estructura (si lo sabes, lo sabes), el amor de T por la escalada perdura en su hijo.

T, gracias por los buenos años, porque fueron muchos. Gracias por nuestro hijo, y no olvidaremos quién eras. Siempre te querremos. Nos vemos en el otro lado".

El duelo siempre te encontrará

Estoy sola con nuestro hijo, que acaba de meterse en la cama conmigo. Su cuerpo está apretado contra el mío, con su brazo acurrucado alrededor de mi cuello. Intento moverlo suavemente para dejar más espacio para mí, pero sin querer vuelco el vaso de agua de la mesilla de noche. Nunca falla. Siempre se me caen o se me derraman las cosas. Me muevo hábilmente hacia el suelo sin hacer ruido, tanteando en la oscuridad en busca del cesto de la ropa sucia, recordando que acabo de tirar una toalla sucia antes de acostarme. De rodillas, limpio el desastre, pero no estoy segura de que haya desaparecido toda el agua. Frustrada, tanteo alrededor de la cama en busca de mi teléfono para arrojar algo de luz. Mientras busco, me detengo. Hay un hundimiento notable en el cubrecolchón donde acababa de yacer mi cuerpo. Aplano la mano, moviéndola lentamente de un lado a otro. No puedo creer lo hundida que está. "Realmente se nota la forma de mi cuerpo", pienso para mí. Tras confirmar que el suelo está seco, decido caminar hacia el otro lado de la cama, ya que mover a mi hijo es claramente demasiado. Levanto las mantas, esperando hundirme en la cama, pero ésta permanece firme sin hundirse. Desde el principio de nuestra relación, mi marido y yo hemos reclamado cada uno un lado concreto de la cama: Yo a la izquierda y él a la derecha. Tumbada aquí, estoy inmersa en la extraña sensación de estar de su lado y me pregunto por qué he tardado tanto en cambiar. Es como si permaneciéramos en nuestros lados designados, aferrándonos a la esperanza de que nos eligiera a nosotros antes que a la botella en el sótano.

Mi hijo llora y se acerca a donde yo estaba tumbada, dándose cuenta de que no estoy en mi sitio habitual. Le aseguro que sigo aquí cogiéndole la mano y poniéndomela en la cara. Segundos después, noto que su cuerpo se estremece, lo que indica que se ha vuelto a dormir. Desde que era un bebé, siempre que dormía entre nosotros, extendía los brazos y nos examinaba la cara, palpando el contorno de nuestras narices y bocas para asegurarse de que seguía con nosotros. Era una sensación tan dulce que a los dos nos encantaba. El recuerdo me invade y empiezo a llorar.

Lloro al darme cuenta de que ya no se extiende a ambos lados de la cama. Cuento mentalmente y me doy cuenta de que hace meses que no dormimos los tres juntos como una familia. El dolor de este recuerdo me invade. Siento como si alguien me afeitara lentamente la piel de encima del corazón.

Me invaden los recuerdos y me asaltan flashes de nuestras sesiones de consejería matrimonial, que me llenan de tristeza. No sé si estoy despierta, medio despierta o en medio de una pesadilla. Ahora estoy sentada junto a mi marido, aunque no nos miramos. Huelo su colonia, que utiliza para disimular el alcohol. Mientras habla, oigo claramente -o recuerdo haber oído- a mi marido describir cómo se había "aburrido" en la vida, un sentimiento que, según el terapeuta matrimonial, era habitual.

En este momento, parece como si el recuerdo se repitiera textualmente, pero la diferencia es que ahora tengo una espada. Cada vez que dice "aburrido", agarro la espada y me la clavo rápidamente en el pecho. Nadie se da cuenta de la sangre que me gotea. A nadie le preocupa en absoluto mi dolor. Intento hablar, pero no puedo. Ambos continúan. Mientras el terapeuta describe cómo la adicción puede cambiar los receptores del placer en el cerebro, proporcionándole el contexto de por qué se siente así, yo me limito a mirar la espada que tengo en el pecho. No me duele, así que giro lentamente la hoja como si fuera un juego, y luego miro por la ventana soñando despierta.

Mi hijo se despierta de nuevo arrastrándome al mundo presente. Me doy cuenta de que dormir en el lugar reservado para papá le desconcierta, así que lo cojo en brazos y lo pongo al otro lado de mí, de modo que los dos estamos tumbados donde antes estaba papá. Vuelve a tocarme la cara e, instantes después, está tranquilo.

Con este dulce niño y sus suaves manos tocándome la cara, dándome tanto consuelo y amor, agonizo ante la pregunta: *¿cómo puede aburrirse de esto?* La pena y la rabia surgen de lo más profundo de mi ser. *¿Cómo pudo dar esto por sentado?* Creo que estoy volviendo a mi pesadilla cuando me encuentro agarrando la espada de mi pecho, sintiéndome orgullosa de mi herida abierta mientras la sangre brota a borbotones.

Me subo a un carruaje y vuelo a gran velocidad, apuntando con mi espada hacia la oscuridad y gritando con todas mis fuerzas. La escena que vivo recuerda a Mad Max. Se me cae el cabello de la cabeza por la enorme velocidad, se me desorbitan los ojos y continúo sin miedo hacia el abismo. Mis movimientos y mis dolorosos sollozos, que han aumentado de volumen, me despiertan. Tanteo con el teléfono y finalmente activo la aplicación de ruido blanco. Subo el volumen, asegurándome de no molestar a mi hijo mientras termino mis lamentos. Estoy demasiado débil para llegar al baño a llorar. Mi cuerpo se convulsiona en la cama hasta que estoy demasiado agotada para seguir llorando. Entonces, me quedo dormida mientras la sangre empapa la cama y mi ropa.

Por la mañana, me despierto y veo que tengo el cabello mojado y la ropa pegada al sudor. También me di cuenta de que ambos habíamos vuelto a gravitar hacia el lado izquierdo de la cama.

Tiempo de Reflexión

El duelo es una parte importante del proceso de sanación cuando amas a un adicto. La persona que amas y aprecias ha sucumbido a su adicción. Tómate ahora un momento para reconocer todos los aspectos maravillosos de la persona de la que no tuviste oportunidad de despedirte: la persona anterior a que la adicción pasara factura. Si esto te resulta demasiado difícil en este momento, no dudes en saltarte esta sección.

Si te sientes preparado, empieza a escribir un elogio a continuación. Puede que algunos de vosotros ya hayan tenido que hacerlo de verdad, y a esas personas les doy mi más sentido pésame. Si el adicto al que amas ha muerto, es probable que no te sintieras preparado; después de todo, ¿cómo puede alguien estar preparado?

Así que, para los que seguimos existiendo con un cuerpo que una vez albergó el espíritu de la persona a la que amas, por favor, date el espacio para reconocer todo lo que fue. Tanto tú como ellos merecen ese honor.

En Honor de ______________

CAPÍTULO TRES
La Aceptación es una Perra

Para recuperar cierta propiedad sobre mi vida tras reconocer que me había enquistado en las adicciones de mis seres queridos, utilicé el enfoque terapéutico llamado Terapia de Aceptación y Compromiso (TAC) conmigo misma (más sobre esto más adelante). Siempre había trabajado con terapeutas que empleaban principalmente la TCC (Terapia Cognitivo-Conductual), la TCD (Terapia Conductual Dialéctica) o una mezcla de ambas. Sin embargo, mi nueva amiga y colega, Tonya, mencionó que su principal modalidad de tratamiento era la TAC. No estaba familiarizada con el enfoque terapéutico TAC, y como la admiraba y respetaba tanto, decidí asistir al taller que organizó en otoño de 2019.

Cuando asistí al primer día de un taller de tres días sobre TAC, me sentí escéptica. Nada parecía directo. Esperaba algunos juegos de rol genéricos sobre cómo cambiar el comportamiento. En lugar de eso, el presentador hablaba con metáforas y hacía preguntas que calaban hondo, demasiado hondo para mi gusto. Me emocioné más de lo que esperaba y me irrité por ello. Supuse que me desconectaría durante la presentación y que pasaría notas tontas a mi colega y amiga, Melissa, para ver si podía hacerla reír en los momentos tranquilos (está claro que me encanta ser traviesa). Imaginaba que me limitaría a sorber café todo el fin de semana, obtener rápidamente mis UFC (Unidades de Formación Continua) y mantener mi licencia en el estado de Nueva York. Estaba muy equivocada, y no dejaba de gritar en mi cabeza: "¿Por qué me haces sentir, maldita sea? No he pagado casi $400 para tener los ojos hinchados al final del fin de semana".

Durante el taller, me animaron a evaluar mis valores y cómo posiblemente no estaba actuando de forma coherente con ellos. El presentador no me instruyó sobre cómo cambiar mis pensamientos dañinos o destructivos; no se habló de mis sentimientos; en lugar de eso, me pidió que me sentara con mis sentimientos porque el dolor y el malestar son un "hecho de la vida". Carajo. Mi barbilla empezó a temblar. Esto siempre ocurre antes de perder la cabeza; es señal de que NO ESTOY BIEN. Estaba en un taller con colegas/amigos y estaba a punto de poner los ojos en blanco. Quería aprender a ayudarles a ELLOS, los "otros", NO a mí.

Durante un ejercicio en el que tenía que mantener el contacto visual con Melissa y centrarme en un recuerdo de mi pasado, finalmente me derrumbé. Al principio, me distraje haciendo el tonto y poniendo caras a Melissa. Sin embargo, la rabia no tardó en aflorar en mi interior, la tristeza me acechaba y finalmente me rendí. No estaba reprimiendo activamente estas emociones abrumadoras; simplemente, ya no podía contenerlas. A la mierda. Decidí abrazarlas y sentirlas plenamente. La TAC hace hincapié en la atención plena, que es básicamente una forma elegante de decir que estás en un estado mental de conciencia. Esto significaba que tenía que sentir las sensaciones en mi cuerpo físico. Podía saludar a mi dolor en lugar de escapar mediante distracciones, aunque a menudo lo deseaba. Cada segundo me parecía una hora, pero después del primer día, me sentí algo elevada, como si algo dentro de mí se hubiera liberado.

En el taller, me animaron a reflexionar sobre mis deseos más profundos y a cultivar la conciencia. Empecé a comprender de verdad que tengo voz y voto en cómo me trato a mí misma y al mundo. Tenía opciones, y creé una lista de hechos basada en lo que aprendí:

Sólo eres responsable de ti mismo.

1. Establecer límites es un acto de amor tanto hacia ti como hacia la otra persona.

2. No tienes por qué vivir en un lugar en el que te sientes impredecible e inseguro.

3. Si ignoras tu dolor y sigues permitiéndolo, no estás siendo una compañera o amiga cariñosa ni con ella ni contigo misma.

4. La adicción es una respuesta genuina: surge de un trauma y de un dolor. Ese mismo dolor puede hacerte daño a ti. Protégete y recuerda que su dolor no tiene nada que ver con su amor por ti.

§

Sinfonía Agridulce: Cantándome a mí misma

¿Por qué utilizas el título de una canción como subtítulo?

Deja que me explique. La TAC es un enfoque terapéutico que encarna el espíritu "agridulce". Hace tiempo que me encanta esta palabra porque es a la vez un oxímoron y una paradoja. Y aunque la letra de la canción "Bitter Sweet Symphony" sonaba constantemente en mi cabeza, en realidad nunca había profundizado más allá del título hasta hace poco. Siempre me ha cautivado demasiado el hermoso, dulce y relajante sonido del violín de la canción. Sin embargo, el contenido de la canción dista mucho de ser dulce y relajante. Posee una despreocupada amargura y crudeza, llena de verdad. Esta constatación me hizo sentirme sentida hasta los tuétanos.

Dado que la canción se experimenta mejor con las ventanillas bajadas y el volumen alto, no te haré leer la letra. Te imploro que la escuches y te sientes con el mensaje que creo que transmite.

El significado de la canción es objeto de debate. Sin embargo, muchos reconocen su tema de la impotencia: el peso abrumador de una vida dominada por circunstancias que escapan a nuestro control. A menudo luchamos, consciente o inconscientemente, contra esa impotencia, anhelando libertad y sentido. Algunos sugieren que la canción alude a las reglas y normas del mundo y a los juegos que debemos jugar para triunfar. Pero yo sólo oigo la voz de alguien que ama a un adicto.

Las imágenes de un molde rígido hablan de los límites que experimenta el narrador, Richard Ashcroft, pero no es por falta de habilidad, inteligencia, imaginación o flexibilidad. En cambio, el molde se siente como una prisión; uno puede ver posibilidades a través de los barrotes de la prisión, pero por ahora, está atascado.

Uno puede sentir la desesperación e imaginarse a un ser querido de un adicto tirado en el suelo, lamentándose por el dolor. A medida que el peso de la realidad se impone, llegan a un punto de aceptación. Comprenden que curar la adicción no es responsabilidad suya. Sin embargo, esta aceptación conlleva una profunda sensación de soledad. Esto es lo que significa sentarse en el dolor, *sintiéndolo* de verdad.

La canción resuena profundamente en quienes aman a un adicto. A veces, puedes sentirte como si ya no fueras una persona autónoma, como si hubieras perdido tu agencia. Sin embargo, llegas a darte cuenta de que esta experiencia, de hecho, no tiene por qué adueñarse de tu vida.

A mediados de los 90, antes de que se publicara la canción, el grupo The Verve accedió a pagar una pequeña cantidad por utilizar una muestra de cinco notas de la canción relativamente impopular "The Last Time" de los Rolling Stones. Irónicamente, esta canción se inspiró en gran medida en "This May Be the Last Time" de los Staple Singers, un grupo estadounidense de gospel, soul y R&B. En 1997 se publicó "Bitter Sweet Symphony" y se convirtió en un gran éxito. Recuerdo que vi el video musical en casa de una amiga, ya que mis padres habían eliminado la MTV de nuestra televisión por cable, por considerarla "inapropiada" y "pecaminosa". Esto no hizo sino intensificar mi deseo de verlo. Disfrutaba especialmente viendo al cantante chocar con los hombros de desconocidos en la calle mientras cantaba la etérea melodía.

Tras ver el éxito de la canción, Allen Klein, antiguo gerente de los Rolling Stones, presentó una demanda contra The Verve. Alegó que habían utilizado una muestra de la pieza original mayor de la permitida. Esta demanda parecía absurda, ya que The Verve habían utilizado exactamente lo que habían acordado. La canción era irreconocible a partir de la muestra, y ni una sola letra había sido escrita por los Rolling Stones. La obra era enteramente de Richard Ashcroft, cantante de The Verve. No obstante, el caso llegó a los tribunales. Como los Rolling Stones tenían tiempo y recursos de sobra para emprender una prolongada batalla legal y beneficiarse potencialmente del éxito de la canción, The Verve capitularon. Enfrentados a un desafío legal de enormes proporciones y al riesgo de perder más dinero del que habían ganado, The Verve cedió el 100 por cien de sus derechos de autor de la canción a los Rolling Stones. En consecuencia, The Verve no ganó ni un centavo por la canción durante 22 años. Ashcroft creó esta hermosa canción, pero la amargura de la codicia le privó de su recompensa.

¿Por qué explicas las trivialidades en torno a esta canción?

Quédate conmigo; te juro que tendrá sentido.

Ok, procede...

En abril de 2019, Mick Jagger y Keith Richards cedieron todos sus créditos de composición y derechos de publicación a Richard Ashcroft. Nadie sabe con exactitud por qué Jagger y Richards decidieron ceder estos créditos y derechos, pero Ashcroft describió este giro de los acontecimientos en su declaración como "notable y reafirmador de la vida." Al mes siguiente, Ashcroft fue justamente galardonado con el Premio Novello a la Contribución Sobresaliente a la Música Británica por la Academia Británica de Autores, Compositores y Compositores.

Ah, *ahora veo los paralelismos.*

Bien. Ashcroft vivió exactamente lo que narraba en la canción. Era como el ser querido de un adicto, la versión superestrella. En lugar de caer en las trampas de la culpa, encarnó los sentimientos de la TAC. Aceptó su impotencia frente a fuerzas mayores que él y, al tiempo que mantenía su integridad y dignidad, fue validado de una forma más significativa de lo que podría haber imaginado, haciéndolo todo tan "agridulce".

Tiempo de Reflexión

Se puede encontrar mucha sanidad cuando te sientas en quietud y no huyes de tus emociones. Nos han condicionado para ver las emociones negativas como problemas externos que debemos eliminar. En realidad, cuanto más evitamos estas emociones, peor pueden llegar a ser. Te recomiendo que hagas una meditación guiada para ayudarte a tomar conciencia. A continuación encontrarás una meditación que utilizo a menudo.

§

Busca una postura cómoda con los pies en el suelo y la espalda recta.

Deja que tus hombros bajen y se aflojen.

Desbloquea la mandíbula.

Cierra los ojos o fíjalos en un punto situado en un ángulo de 45 grados.

Durante los siguientes minutos, establece tu intención de estar simplemente presente, sentado en el aquí y ahora.

Ten una actitud de apertura y curiosidad.

Toma conciencia de cualquier sensación que puedas estar experimentando.

Simplemente, date cuenta de ello sin juzgarlo, analizarlo ni intentar cambiarlo.

Puedes sentir con seguridad.

Puedes observar con seguridad.

Observa con curiosidad.

Los pensamientos llegarán a tu conciencia.

Permite que vengan y, libremente, déjalos ir.

Repítete una y otra vez que estos pensamientos pueden ir y venir a su antojo.

No intentes aferrarte a ellos ni alejarlos.

Los pensamientos son como nubes que sólo observas; sólo pasan

No tienes que apegarte a ningún pensamiento-nube, simplemente obsérvalo pasar.

Simplemente reconoce su presencia y déjalos estar.

De vez en cuando, es probable que surjan impulsos, sentimientos y sensaciones.

Cuando lo hagan, simplemente date cuenta de ellos y déjalos ser.

Dales la bienvenida.

Puedes sacarles una silla y dejar que cada uno se siente a tu mesa.

Se les permite estar aquí.

Hazles sitio.

Deja que se queden o que se vayan, como les plazca.

No les impidas entrar o salir; limítate a observarles.

De vez en cuando, tu atención puede "desviarse".

Cuando esto ocurra, no pasa nada.

Reconócelo amablemente.

Sólo obsérvalo.

No pongas ninguna etiqueta a esta distracción.

Simplemente reconócela suavemente.

Otórgate compasión en este momento.

Está bien sentir.

Es una habilidad que requiere tiempo.

Estás desarrollando la habilidad de la conciencia.

Estás permitiendo que afloren tus sentimientos y sensaciones.

Estás a salvo.

Ahora, empieza a volver a la habitación.

Observa dónde estás.

Observa tu conciencia de ti mismo.

Date cuenta de que todo ello puede existir al mismo tiempo.

Cuando estés preparado, abre los ojos.

Estás aquí.

Estás presente.

El Fin

¡Felicidades! Acabas de terminar la meditación. Tómate un momento para reflexionar sobre tu experiencia y anótala.

____

____

____

____

____

____

____

Si no estás demasiado agotado por la meditación, tómate un momento para reflexionar y responder a las siguientes preguntas:

Cuando oyes la palabra "aceptación", ¿qué te viene a la mente?

____

____

____

____

____

____

¿Te has sentido identificado con Richard Ashcroft? ¿Por qué sí o por qué no?

____

____

____

____

____

____

¿Qué canciones sientes que encarnan tu experiencia de amar a un adicto?

____

____

____

____

____

____

____

Ahora, elige una canción que sea tu n° 1. Utiliza el espacio de abajo para escribir la letra de esta canción y analizarla. ¿Quieres profundizar en tu análisis? Si necesitas alguna orientación, considera lo siguiente:

¿Qué verso(s) o letra(s) te afecta(n) más? Piensa en las emociones. ¿Qué emociones se evocan? Anota lo que surja.

¿Cuál es el tempo de la canción? Es decir, ¿es rápido o lento? ¿Cómo te hace sentir el tempo? Toma nota de ello.

¿Cuál es la textura de la canción? Significado: ¿qué tipos de sonidos oyes? ¿Cómo te hace sentir la textura? Anótalo.

¿Y el timbre? Significado - ¿qué tipo de carácter o calidad de los sonidos musicales tiene la canción? ¿Son suaves, jadeantes, ásperos, ahumados, planos? ¿Cómo te hace sentir? ¿El timbre evoca alguna emoción en ti? Toma conciencia y anota todo lo que te hable".

CAPÍTULO CUATRO
NO

No juzgues hasta que estés en GAD

En mi casa mientras crecía, la atención a la adicción de mi hermana era obsesiva, hasta el punto de que el análisis constante por parte de mi familia se esperaba no una, sino varias veces al día. En mi mente, lo acuñé el "Grupo de Análisis Diario", o GAD para abreviar, ya que consistía en horas de ajedrez mental. Repasábamos lo que podía ocurrir, cómo detenerlo, cómo intervenir, cómo podía reaccionar mi hermana, cómo reaccionaríamos nosotros ante cada posible reacción, etc. El GAD pasó de tolerable a doloroso. A veces, cuando empezaba el ciclo de análisis, podía sentir cómo aumentaba mi irritación, el corazón me latía con fuerza y la presión en los oídos era tan intensa que sentía que mis tímpanos podrían explotar y salpicar de sangre toda la habitación si oía "por qué está..." o "cómo podemos..." una vez más. Soy consciente de que esto puede sonar demasiado dramático. Sin embargo, cada discusión, CADA momento, giraba en torno a evitar básicamente que mi hermana se suicidara con las drogas. Ahora, cuando leo esto, pienso para mis adentros: "entonces vete, deja de formar parte de esto, ¡tonta!", pero en aquel momento no pensé que fuera una opción. Sentía que marcharme sería una traición a mi familia y una decepción para mi madre. Peor aún, temía que la dejara sola, sobre todo porque mi padre a menudo buscaba evasión en el campo de golf.

Un día soleado, en el estacionamiento de un Walmart, mi tía se enteró del deprimente estado de adicción de mi hermana. Las cosas se habían descarrilado tanto que mi madre por fin confiaba en gente de fuera. Me avergüenza un poco admitirlo -aunque no del todo-, pero una vez murmuré: "Sería mucho más fácil si ella no estuviera aquí". Nunca olvidaré la expresión de horror en el rostro de mi tía, una mezcla de asombro y repugnancia ante mi afirmación. Me preguntó cómo podía decir algo así, y recuerdo que le contesté: "No lo sé".

Tengo muchos clientes que me han confiado su profunda vergüenza por albergar siquiera la idea de desear que todo desapareciera. Desearían que la miseria terminara, o a veces desearían que el adicto no estuviera vivo para seguir causando estragos. Muchos se sorprenden cuando les digo: "Yo también me he sentido así". Comparto mis propios sentimientos para normalizar esas reacciones y ayudarles a comprender que no es raro que el cerebro tenga esos pensamientos. De hecho, el cerebro trata de protegerte permitiéndote fantasear con distintos escenarios de huida. Si tienes esos pensamientos, es un indicador de que has asumido demasiado y es hora de dar un paso atrás. Estos pensamientos indican una angustia mental subyacente, así que sé amable contigo misma.

Mi tía acababa de enterarse de la situación, mientras que yo llevaba meses y meses viviéndola. Ella aún no formaba parte de GAD, pero yo sabía que si se iniciaba en GAD y se convertía en miembro activo tanto tiempo como yo, probablemente se haría eco de los mismos sentimientos.

La verdad es que no puedes juzgar realmente a la gente cuando no has capeado su tormenta. La gente puede acusarte de no "hacer más" o de ser cruel, pero debes confiar en tu profunda comprensión de tus propias limitaciones. Cuando la gente te cuestione o critique, piensa "vete a la mierda" u ofrece un sarcástico y sureño "bendito seas".

No seas una Perra Amargada

Estás sentada en tu auto fuera de Trader Joe's, intentando motivarte para hacer mandados, pero te encuentras llorando inesperadamente. Te preguntas cuándo los antidepresivos que te recetaron empezarán a calmar los constantes pensamientos preocupantes y la sensación de estar al límite. Tu estado de ánimo ha ido cambiando; los momentos de rabia intensa te dan una visión escalofriante de la mentalidad de los pirómanos. En este momento, decides salir del auto, poniéndote unos lentes de sol para ocultar tus ojos hinchados. Mientras pasas lentamente por delante de 'las opciones de desayuno sin gluten, levantas la vista y ves a unos cuantos clientes riéndose con sus acompañantes. En voz baja, murmuras: "Oh, ¿no es tu vida jodidamente perfecta?". Una persona mira hacia atrás y te das cuenta de que puede haberte oído. Oh no, aquí viene la vergüenza. Te preguntas: "¿En quién me he convertido?". Antes no eras tan odioso y mezquino. Hubo un tiempo en que las cosas eran más fáciles, pero ¿cuándo fue eso? Miras fijamente a lo lejos, intentando recordar cuándo fue la última vez que te sentiste realmente feliz. ¿Fue el año pasado? ¿Qué ha cambiado?

Te das cuenta. Cuando empezaron a consumir, fue cuando dejaste de ser feliz.

Oh, mierda. Ahí está. Ya no se puede negar.

Ves, la adicción te ensucia. Sabes que está ahí, pero es más fácil mirar hacia otro lado. En cualquier caso, es un infierno hasta que despiertas. Despertar NO es fácil. Es jodidamente brutal.

He tenido muchos apodos para mí durante este tiempo, pero " Perra Amargada" era el más apropiado. Incluso empecé a hacer punto de cruz para reducir el estrés. Sin embargo, mi marido se quedó confuso cuando le enseñé mi pieza que decía: "Dobla tus preocupaciones en aviones de papel y conviértelas en putos voladores". Mi hijo era un lector precoz, y aunque esta obra de arte me llenó de alegría, me avergüenzo de haberle presentado su primera palabrota.

Cuando sales de la oscuridad de la negación, experimentas alivio. Sin embargo, ahora debes enfrentarte a lo que antes evitabas. Eso significa asumir tu papel y reconocer tu fealdad. ¿Cómo lo haces? Es aceptación, perdón y trabajo duro. Puede que tengas nuevas definiciones para esas palabras.

Mientras escuchaba un podcast, preguntaron a la autora Ashley C. Ford por su definición de perdón. Su respuesta se me ha quedado grabada. Dijo: "El perdón es dejar ir la idea de cómo se suponía que debía ser". Maldita sea. ¡Predica!

No dejes que el Adicto te convierta en Adicto

Hablemos de la automedicación, Buscar la evasión de esta forma puede ser tentador, porque proporciona un respiro de la realidad, pero hay que vigilar esa mierda. Si lo que quiero decir no está claro, permíteme ilustrarlo con un ejemplo:

Durante el punto álgido de la adicción de mi marido, encontré consuelo en "compras para dormir". Me metía un trocito de Xanax y empezaba a navegar por Internet. A primera vista, podía parecer inofensivo. Mientras me desplazaba sin pensar por Instagram, aparecían anuncios personalizados, adaptados con precisión a mis gustos y deseos. Parecía como si los amos de Internet me comprendieran de verdad y se preocuparan por mí, sugiriéndome que las compras materiales podrían traerme la paz. Estaba pasando por un infierno, así que pensé que me merecía un pequeño "estímulo", ¿verdad? ¡Pues no!

Me despertaba con varias cajas en la puerta de mi casa y parecía Navidad. Me ponía nerviosa como una niña pequeña porque realmente no sabía lo que había en esas cajas. Repito, realmente no sabía lo que contenían. Las abría con deleite, pero había un 50% de probabilidades de que la emoción que me embargaba se disipara rápidamente al darme cuenta de lo que había comprado. ¿Calcetines de yoga sin dedos? ¡Qué asco! ¿Salero y pimentero de Anthropologie? Paso. ¿Bandas de Resistencia de Amazon? Ok, quédatelas. Al principio, dejarme llevar por la ilusión de que un trasero abultado lo haría todo mejor era divertido. Luego dejó de serlo porque pasaba mucho más tiempo del que me gustaría admitir en la oficina de correos devolviendo artículos. Una vez tuve más de 600 dólares en devoluciones. Me decía: "ugh, esto es como una adicción"... umm, sí, es una adicción.

Comprar era una cosa, pero el Xanax era peor. Era una vía de escape temporal, y aunque me lo habían recetado, seguía tomando pequeños trozos de una forma que no estaba prevista. Es muy eficaz cuando tengo que volar; puedo dormir la noche anterior y mantener la calma mientras estoy en el avión. Tras utilizarlo de forma semiconsistente durante tres semanas, observé que ya no aliviaba mi tristeza como antes, y el apretamiento nocturno de la mandíbula se intensificó. Tras despertarme con un fuerte dolor de cabeza y más devoluciones, me di cuenta de que todo se estaba volviendo demasiado. Tuve suerte de poder apartar el Xanax y dejarlo cuando reconocí el problema. Cuando di este paso, empecé a comprender la situación y dejé de distraerme de la realidad. Así que cuando digo: "No dejes que el adicto te convierta en adicto", me refiero a la resistencia a adormecerse o volverse adicto como forma de ignorar la adicción de otro.

No te enojes, ve por todos

Una noche, después de acostar a mi hijo e instalarme en mi rutina de "navegar para dormir", me encontré con la historia de Instagram de mi amiga Malaika. Allí comentaba su profunda tristeza por la pérdida del actor Michael K. Williams, famoso por su papel en "The Wire", que había muerto de una aparente sobredosis de heroína. Junto con sus condolencias, envió un mensaje de apoyo a sus seres queridos, que se verían afectados para siempre por la tremenda pérdida provocada por la destrucción de la adicción.

Me incorporé inmediatamente. Mi mente se agitó. El texto indicaba que no estaba sola. Lo sentí en mis huesos: "Malaika ama a un adicto". Me susurré: "Ella sabe lo que es este tipo de dolor; yo lo sé".

Conocí a Malaika en el invierno de 2017 en un retiro de yoga en México. Asistir al retiro era intimidante, ya que yo era una yogui novata. Sin embargo, supuso una escapada del duro invierno de Nueva York para mí y un grupo de amigas. A pesar de estar en bancarrota, decidí cargar el costo en una tarjeta de crédito porque sabía que lo necesitaba. Además, como nueva terapeuta, estaba agotada de trabajar sin parar para conseguir las horas clínicas necesarias para obtener la licencia completa. Asistí para mantener la cabeza fuera del agua, mientras Malaika estaba allí para codirigir el retiro con nuestra amiga común.

Cuando me la presentaron, me encontré con unos ojos amables de color chocolate intenso; su presencia llenaba la sala. Era amable y centrada, pero rebosaba confianza, no de forma arrogante, sino segura de sí misma, del tipo "sé quién soy". Imagino que salió del vientre materno como un bebé Buda, omnisciente y sabio. Dirigió una meditación guiada y su voz sonaba como una nana de mi infancia, tan calmante y maternal. La sentí como una criatura enviada aquí para calmarnos a todos. Era -y sigue siendo- una Diosa.

Después del retiro, mantuvimos el contacto a través de Instagram, enviándonos mensajes aquí y allá. Sin embargo, principalmente la admiraba desde lejos, sintiendo una ligera envidia de su vida. Vivía en una hermosa casa histórica, tenía una próspera práctica de yoga y de doula, y había formado una encantadora familia con su pareja. Pero, al mismo tiempo, lo que publicaba en Instagram no era sólo para aparentar. Se mostraba vulnerable sobre su vida y los retos de la maternidad y las relaciones. A menudo fomentaba la honestidad y la autenticidad en el espacio virtual y en nuestras vidas personales.

Mi repentina revelación de que amaba a un adicto se confirmó cuando le envié un mensaje en respuesta a su publicación. Sin embargo, nunca habría esperado su respuesta:

"Dejo mi matrimonio por ello. Más de 2 años de adicción fueron suficientes para hacer más que suficiente daño. Al-Anon ha sido un regalo divino para mi alma y mi cordura".

" ¡¿QUÉ?!" respondí.

No. ¡De NINGUNA MANERA la Diosa podría estar experimentando esto! ¡Es demasiado sagrada!

Me contó que ahora organiza una reunión de Al-Anon todos los miércoles. Me proporcionó el enlace de Zoom y cuatro hojas de cálculo de Excel, con una lista de todas las reuniones disponibles cada día en cuatro zonas horarias diferentes. Me explicó que esta flexibilidad le permite unirse a las reuniones de la costa oeste si no puede asistir a una en su horario habitual. Me recomendó que asistiera a cinco reuniones distintas para encontrar la que mejor se adaptara a mi "onda", lo cual agradecí sinceramente.

Mis juicios y estereotipos sobre el tipo de gente que imaginaba que me encontraría en una reunión de Al-Anon se disiparon rápidamente -por alguna razón me imaginaba a una anciana malhumorada fumando un cigarrillo-, pero conocí a gente de todas las edades y sexos. Desde jefes duros hasta estudiosos en edad universitaria, algunos eran tímidos, otros extrovertidos y otros tenían

BDE, una presencia segura de sí mismos, que yo apreciaba profundamente. Me animaron a seguir asistiendo, destacando la importancia de una comunidad de apoyo en la que puedas compartir tanto tus retos como tus triunfos. En estas reuniones, no se trata del adicto; se trata de ti, el ser querido. Recibes la atención, los cuidados y los recursos que suele recibir el adicto, lo que te permite hacer frente a las inoportunas intrusiones en tu vida y vencer la enfermedad que te ha afectado.

El abuso de sustancias es una enfermedad que no afecta sólo al adicto, sino también a todos los que le rodean. A menudo se etiqueta como una enfermedad familiar. Fue entonces cuando comprendí por fin por qué Malaika dirige un grupo. Al principio, me pregunté por qué querría volver a asociarse con algo relacionado con la adicción después de todo lo que había soportado, sobre todo cuando estaba poniendo fin a su matrimonio. Sin embargo, me di cuenta de que nosotros, como ella, también habíamos enfermado. Los dibujos del Capítulo 2, titulados "El Agobio", simbolizan esta enfermedad. Cuando un adicto actúa, reaccionamos. Aunque todos respondemos al adicto, a menudo caemos en un patrón: un tira y afloja subconsciente por el control, con el objetivo de restablecer el equilibrio. A través de Al-Anon, uno puede aprender a soltar la cuerda y salirse del tira y afloja. Es un recordatorio para concentrarse en la propia vida, haciendo hincapié en que todos tenemos opciones: opciones sobre cómo reaccionamos y opciones sobre cómo vivimos.

Cuando investigues sobre la "enfermedad familiar de la adicción", encontrarás un desglose de los papeles que desempeñan las personas en la enfermedad. Normalmente, hay 5 ó 6 papeles comunes. Voy a explicarlos primero y luego hablaré mal de ellos:

El Adicto - el centro de atención de todos.

El Cuidador - el facilitador; la persona que oculta los problemas del adicto.

El Héroe - la persona que intenta crear orden siendo excesivamente responsable y autosuficiente.

El Chivo Expiatorio: la persona que actúa en un intento de desviar la atención del comportamiento del adicto.

La Mascota - el cómico; la persona que utiliza el humor o la tontería para disminuir la tensión del comportamiento del adicto.

El Niño Perdido: la persona que pasa desapercibida mientras los demás desempeñan su papel.

Entiendo que este desglose es útil en algunos aspectos, pero está demasiado simplificado y no reconoce la complejidad de la enfermedad. Me gustaría que hubiera un descargo de responsabilidad para la gente que dijera

Menciono esto porque asumí muchos de estos papeles en distintos momentos y a veces desempeñé más de uno simultáneamente. Por ejemplo, durante la época de la adicción de mi hermana en el instituto, primero me uní a mis padres en el papel de "El Habilitador", pero rápidamente me convertí en "El Héroe". Principalmente desempeñé el papel de "El Héroe". Sin embargo, de vez en cuando también me convertía en "La mascota". Me gustaba desviar la atención de mi hermana haciéndome el tonto e intentando hacer reír a mi mamá. Al mismo tiempo, destacaba académicamente para llamar la atención de mi padre y desviar la atención de la situación.

Estos papeles se arraigaron tanto en mí, que la enfermedad se extendió por todo mi ser. Incluso durante los aproximadamente 10 años en que no hubo adictos en mi vida, nunca me desprendí de estos papeles. Así pues, la razón por la que Malaika sigue asistiendo a Al-Anon y por la que yo sigo recibiendo apoyo es la misma: reconocemos que podemos volver fácilmente a nuestros antiguos "papeles", puesto que están tan arraigados en nosotros, y sabemos que no tenemos por qué estar solos en este viaje.

Tiempo de Reflexión

¿Has fantaseado alguna vez con las formas en que podría cambiar tu situación con el adicto?

____

____

____

____

____

____

____

¿Has tenido alguna vez pensamientos que te avergüenza admitir?

____

____

____

____

____

____

____

¿Cómo te sientes al saber que tu cerebro te protege?

____

____

____

____

____

____

____

Cuando empiecen a aparecer estos pensamientos, es importante que reconozcas que lo que estás viviendo es muy duro. Date permiso para reconocer que es duro. Dilo conmigo "Esto es duro".

Si necesitas que te lo recuerden, a continuación te proporciono dos hojas de permiso que puedes recortar y colgar como recordatorio. He creado dos opciones: una para los que no les gustan las palabrotas o tienen niños cerca, y otra para los que sienten una liberación cada vez que gritan "¡Carajo!".

§

Yo, ___________, me doy permiso para reconocer que amar a un adicto es duro. ¡Yo no pedí esto! Puede que tenga pensamientos o sentimientos no deseados, pero es sólo la forma que tiene mi cuerpo de protegerme, porque, de nuevo, *¡esto es duro!*

Firma: ___________________ Fecha:_________

§

Yo, ___________, me doy permiso para reconocer que amar a un adicto es jodidamente D DURO. ¡Yo no pedí esto! Pueden surgir pensamientos o sentimientos no deseados, pero es sólo la forma que tiene mi cuerpo de protegerme porque ¡ESTO ES JODIDAMENTE DURO!

Firma: ___________________ Fecha:_________

§

Puede que te des cuenta de que eres diferente debido a diversos cambios internos, como sentir tristeza continua, desesperanza, ansiedad, hipersensibilidad, negación o ira. Llega un momento, o un reconocimiento gradual, que finalmente hace clic en tu mente. Puede que te hayas distraído del verdadero culpable de tu cambio: la adicción de tu ser querido.

¿En qué momento te diste cuenta de que te estaba afectando su adicción?

____
____
____
____
____
____

¿Qué emociones surgen cuando reflexionas sobre este momento?

____
____
____
____
____

Tómate un momento para pensar en la aceptación y el perdón. ¿Qué se te ocurre?

____
____
____
____
____

Date permiso para definir estas palabras por ti mismo. He aquí algunos ejemplos:

Aceptación:
- Reconocer la verdad en mi vida.

- Aceptar el hecho de que no tengo control sobre otra persona.

-Soltar el juicio sobre mi vida y sobre cómo "deberían" ser las cosas en lugar de cómo son en realidad.

Perdón:
- Una acción para liberar el peso del resentimiento hacia el adicto.

- Liberarse dejando de albergar sentimientos negativos, aunque esos sentimientos negativos estén justificados.

- Reconocer que las cosas no tienen por qué ser como las imaginaba en mi cabeza.

¿Cuál es tu definición de aceptación?

____

____

____

____

____

¿Cuál es tu definición del perdón?

____

____

____

____

____

¿Te has encontrado alguna vez adormeciéndote, distrayéndote, escapando o automedicándote? Si es así, ¿puedes identificar el detonador?

____

____

____

____

____

¿Es una reacción al comportamiento del adicto?

____

____

____

____

____

¿La reacción te ayuda o te perjudica?

____

____

____

____

____

¿Qué puedes hacer para distraerte de verdad en lugar de actuar simplemente por impulso? Si necesitas sugerencias, ten en cuenta lo siguiente:

-Planta flores
-Grita al cielo
-Rompe cajas de cartón
-Haz una clase de ejercicio
- Escribe tus sentimientos (y quémalos si es necesario)
-Escucha música
-Llama a un amigo
-Asiste a una reunión de Al-Anon o Nar-Anon

Cosas que puedo hacer para distraerme

¿Cuándo revelaste por primera vez a otra persona
que estabas luchando por amar a un adicto?

¿Qué sentiste cuando lo hiciste? ¿Cómo lo
recibiste?

Piensa en los papeles enumerados. ¿Con cuáles te identificas? ¿Cuáles han desempeñado miembros de tu familia o amigos? Escribe tus respuestas junto a los papeles que aparecen a continuación:

El Cuidador

El Héroe

El Chivo Expiatorio

La mascota

El Niño Perdido

Tómate un momento para revisar lo que has escrito. ¿Evolucionaron o cambiaron estos papeles con el tiempo?

Si eres una persona visual, puedes hacer un diagrama de Venn de los papeles, y si quieres profundizar mucho, puedes hacer un diagrama de Venn de cada mes o año en que tus papeles cambiaron o se solaparon. no pasa nada si los cambios se produjeron a menudo. No hay necesidad de juzgar, sólo de tomar conciencia de ello.

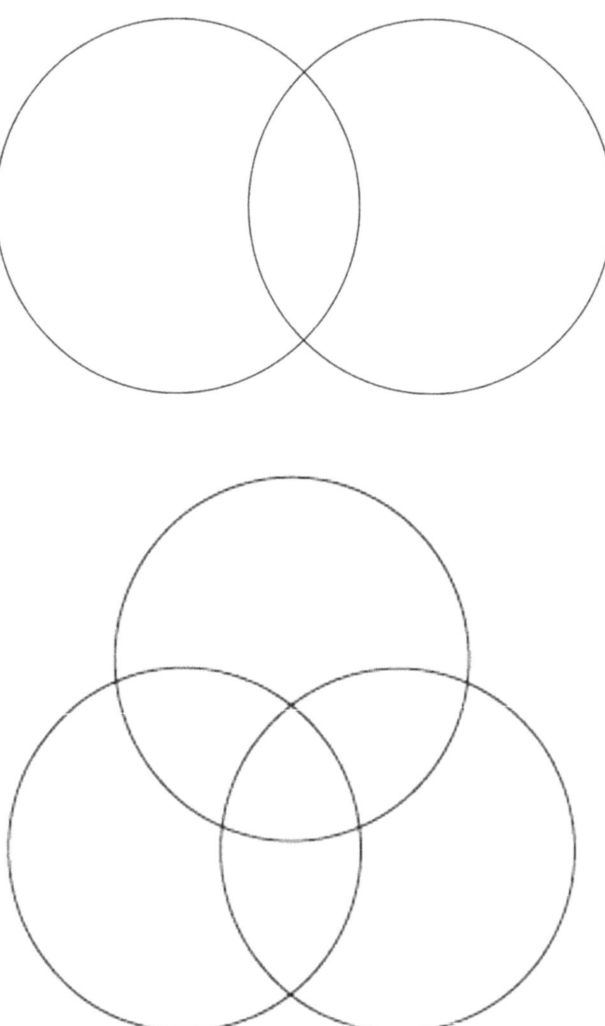

¿Cómo te sientes respecto a estos papeles ahora que los has reconocido?

____

____

____

____

____

____

¿Hay alguna función que no se haya cubierto? Si es así, ponle nombre y definición.

____

____

____

____

____

____

____

____

____

____

CAPÍTULO CINCO
Detente y sé Padre de ti mismo

El Ciclo

Antes de que la adicción de mi marido llegara a un punto álgido, pasé muchos días avergonzada de mí misma. Aún no había aprendido que nunca, y quiero decir NUNCA, debes mantener una conversación seria ni hacer el más mínimo comentario a alguien bajo los efectos del alcohol. Es como explicarle a tu mejor amigo cómo declarar impuestos cuando se despierta de la anestesia tras extraerle una muela del juicio. Es probable que no recuerden ni comprendan lo que les estás diciendo, pero pueden alucinar lo suficiente como para decir alguna mierda que te frustre. A menudo me encontraba en esta situación por las noches con mi marido. Me acercaba a él para hablarle del estado de su adicción. Como respuesta, solía utilizar tácticas como desviar la atención o negar la cuestión. A menudo me decía que me equivocaba, que me lo tomaba demasiado a pecho, y entonces yo empezaba a gritar, a maldecir o a cerrarme por completo. Acababa siendo la peor parte de mí misma. Podía acordarse o no al día siguiente, dejándome confusa y con otra cosa más que procesar.

Como no podía soportar otro día sintiéndome como una mierda, decidí probar un nuevo enfoque para comunicarme con él (cuando aún creía que podía hacerlo). Los dos somos personas algo artísticas, así que empecé a hacer dibujos de distintos escenarios, con la esperanza de que reconociera la disfunción. Me pasaba las tardes creando estos dibujos, guardándolos para cuando él pudiera "ver" de verdad lo que estaba pasando.

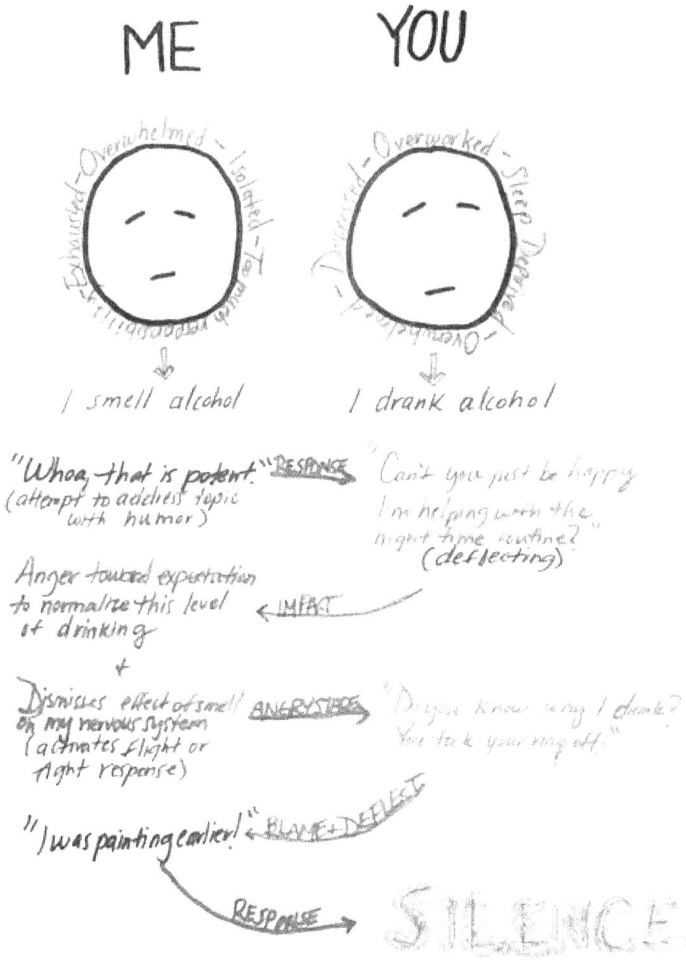

Si doy un paso atrás y observo mi comportamiento a través de una lente clínica, estaban ocurriendo una mezcla de cosas más allá de lo que intentaba expresar: temas de trauma, apego, mecanismos de defensa y regulación emocional.

Respuesta al Trauma/
Mecanismo de Defensa

Sus comportamientos reflejaban a veces los de mi hermana, sobre todo durante su adicción, y activaron mi respuesta traumática. Intenté corregir las cosas que no pude abordar cuando era adolescente. Todo lo que quería decirle a mi hermana o a mis padres durante su adicción le salía a mi marido, lo que realmente no era justo para él. Crecí en un hogar en el que no se decían palabrotas. Mi madre siempre me decía que era lo bastante lista como para expresarme sin palabrotas. Incluso ella a veces "deletreaba palabrotas", como "c-a-r-a-j-o" o "ah m-i-e-r-d-a". Era mejor si lo deletreabas y no decías realmente la palabra. Ahora que soy adulta en mi propia casa y en mi matrimonio, si quería expresar mis sentimientos con una pizca de grosería para darle sabor, c-a-r-a-j-o, ¡iba a hacerlo! También se podía observar que utilizaba el mecanismo de defensa del desplazamiento sobre él, lo que significaba que proyectaba mi experiencia pasada sobre el momento presente. Algunas de mis reacciones no se debían precisamente a él, sino a lo que activaban de mi pasado, y luego lo exteriorizaba en él.

Estilos de Apego/Corregulación

Otra parte del problema era nuestra dificultad para corregularnos. Cuando las personas se autorregulan, pueden devolver sus cuerpos, mentes y espíritus a la homeostasis, lo que está relacionado con calmar una respuesta traumática. La capacidad de autorregulación se desarrolla a través de la interacción con los cuidadores, como los padres, y depende de entornos predecibles, receptivos y de apoyo. Los tres componentes críticos de la corregulación necesarios durante la infancia son:

-Una relación cálida y receptiva en la que el niño/joven adulto se sienta seguro y atendido.

-Un entorno que amortigüe el estrés excesivo, permitiendo que la autorregulación sea manejable y aprendida.

-Un modelo o andamiaje de autorregulación a través de la representación entre los cuidadores y el niño/joven adulto.

Aunque describiría mi entorno infantil como un entorno que satisfacía estas necesidades, diría que cambió durante la edad adulta temprana, en torno al inicio de la adicción de mi hermana. En cuanto a mi marido, no tuvo ninguno de estos tres componentes de niño. Su madre les abandonó a él y a su hermana cuando él tenía entre 18 meses y tres años (hemos oído que los plazos varían). Las luchas de su padre contra el trastorno bipolar contribuyeron a la negligencia, una forma de maltrato que no es tan manifiesta como el maltrato físico y, por tanto, más difícil de comprender, es silenciosa pero igual de perjudicial. Las personas que sufrieron negligencia de niños suelen tener dificultades para autovalorarse y avanzar en el tratamiento. ¿Cómo identificar y reflexionar sobre algo que no ocurrió?

Sin vínculos seguros con nuestros cuidadores, las personas tendrán dificultades para corregularse, lo que afectará a sus relaciones sanas. Para sanar esto, necesitamos estar en sintonía con nuestro cuerpo y nuestra mente, lo que resulta muy difícil cuando hay adicción y trauma. En Psicología Somática, tanto el vínculo relacional como la resonancia límbica son las funciones de sanación por excelencia. Este concepto puede resultar difícil de entender si no estás familiarizado con las teorías psicológicas; examinemos cómo se desarrolla en la naturaleza.

En el reino animal, los animales han evolucionado para autorregularse en situaciones críticas, en las que deben luchar o huir para sobrevivir. Por consiguiente, un animal que sabe manejar sus emociones está mejor preparado para sobrevivir en la naturaleza. Entonces, ¿a dónde quiero llegar con esta charla sobre la corregulación y el reino animal? Estoy sugiriendo que si no estás equipado para corregular, tus relaciones y tu vida personal pueden convertirse en territorios inseguros.

En tales situaciones, uno puede ser más propenso a depender de las adicciones, a menos que aprenda a ser padre por sí mismo. *¿Cómo?* Sí, tendrás que aprender a darte *a ti mismo* la orientación que deberían haberte proporcionado en la infancia o en la edad adulta temprana. Para complicar aún más las cosas, tener tu propio hijo puede evocar sentimientos de pérdida y arrepentimiento por la infancia que te perdiste.

Cuando las cosas son difíciles, sé que debo tomar las decisiones que sean mejores para mi hijo. Me enorgullece saber que nuestro hijo tendrá experiencias distintas de las que tuvimos mi marido y yo. Sin embargo, a veces me entristece darme cuenta de que no compartiremos los mismos recuerdos de infancia que él. Sin embargo, es esencial recordar que aún podemos aportar lo que nos perdimos. Puedes ser la fuerza estable, la figura fiable y la encarnación del verdadero amor incondicional. Tienes la capacidad de ser el mejor padre tanto para ti como para tu hijo.

Para hacer real esta re-paternidad, voy a mirar una foto mía de cuando era niña. En cierta foto de mi infancia, tengo el cabello rubio fresa, recogido en una coleta lateral, con flequillo. Mi piel clara está salpicada de pecas. Mi abuelo decía que eran marcas de besos de ángel. Los niños del colegio e incluso mis primos decían que eran de una vaca que se había cagado en mí. En realidad, mi piel simplemente tenía menos melanina para empezar. Independientemente de este hecho de las pecas, yo me gustaba entonces. No estaba expuesta a la crueldad del mundo; al menos, no la comprendía. No sabía que era pobre a causa de la enfermedad de por vida de mi padre. Tampoco me di cuenta de que cuando mi primo comentó que mi familia recibía vales de comida, era una indirecta. Supongo que la ignorancia es una bendición. Lo que quiero decir es que quiero a esa niña, y sigue viviendo dentro de mí. Pienso en ella cuando empiezo a ponerme dura por mi incapacidad para predecir el futuro. Vuelvo a mi teléfono y la veo. Está feliz sin maquillaje. Tiene los ojos encapuchados que no necesitaba disimular magistralmente con un cat eye, ya que no estaban hinchados de tanto llorar. Tiene espacios entre los dientes que los aparatos acabarían corrigiendo. Sin embargo, sonríe con facilidad, en contraste con las sonrisas de labios cerrados que yo hago actualmente para ocultar mis dientes y mi vergüenza. Empiezo a sentir una intensa compasión por mí misma, lo cual me da poder.

Con el tiempo me di cuenta de que carecía del

apoyo necesario para aprender a regular mis emociones cuando experimentaba angustia por la adicción de otra persona. Dejé de compadecerme de mí misma y pasé a la acción. Empecé a reeducarme. Me escribía a mí misma las sabias palabras que me imaginaba que me decía un anciano. Tuve que luchar contra el impulso de volver a mis antiguos patrones de intervención. Esto fue jodidamente duro, pero poco a poco empezó a funcionar.

He aquí un excelente ejemplo de nota que me dejaría a mí mismo en mi teléfono, en mi computadora, en mi auto y en el espejo del baño:

<u>Lee Antes de Escribir</u>

Mañana te sentirás asqueroso por haber soltado un veneno mezquino e hiriente. Aunque te hayan faltado al respeto, eso no significa que debas expresar tu rabia en este momento. Detente. Haz una pausa. Reflexiona. *¿Conseguiré con esto el cambio que deseo?* ¿Me perjudicará más por falta de sueño, por sentirme mal mañana o por arrepentirme? Para. Esto puede abordarse mañana, con calma y desde un lugar amoroso. Mantén la calma por tu hijo; mantén la calma por ti mismo. Eres responsable de tus reacciones. ¿Deberías tener que demostrar este nivel de autocontrol? No, pero te ayudará.

Tiempo de Reflexión

Tómate un momento para reflexionar sobre tus comportamientos. ¿Cómo pueden estar conectadas tus acciones con traumas pasados?

____

____

____

____

____

____

Si no te surge nada en el departamento de traumas, piensa en ello: ¿Qué tipos de mecanismos de defensa podrías estar utilizando al tratar con un adicto? Yo utilizaba totalmente el "desplazamiento", y mi marido la "desviación". ¿Qué utilizas tú en situaciones difíciles?

____

____

____

____

____

Piensa en tu infancia. ¿Tuviste el tipo de entorno que fomentaba la corregulación? Si no es así, ¿cómo se ha manifestado esto en tu vida? ¿Cómo ha influido en tu capacidad de autorregulación?

____

____

____

____

____

¿Cómo te sientes ante la posibilidad de tener que volver a ser padre?

Tómate un momento para crear tu propio guión y utilizarlo cuando tus emociones estén a flor de piel. Habla contigo mismo como lo harías con un amigo o un anciano. Es importante que lo hagas cuando no estés emocionalmente desbordado.

CAPÍTULO SEIS
Soy Portulaca

Los Efectos de la Fachada

Tras dejar a mi hijo en el colegio el segundo día de la desintoxicación de mi marido, parecía estar bien por fuera. Con toda la cara maquillada, sonreí al encargado del colegio y me dirigí rápidamente al auto como si tuviera que ir a algún sitio importante. Decidí ausentarme del trabajo por miedo a no estar presente para mis pacientes, lo cual fue una sabia decisión porque, cuando llegué a unos 800 metros de la escuela, aparqué el auto y no sentí nada. Este entumecimiento ha estado aquí antes; *me resulta familiar.* Creo que desarrollé esta sensación cuando estaba en GAD. Hago una mueca de dolor al pensar en ese periodo de mi vida y rápidamente intento evitar ese doloroso recuerdo. Un dolor agudo cruza mi pecho al darme cuenta de que la historia se repite.

Decidí probar las habilidades de afrontamiento que suelo ayudar a desarrollar a mis pacientes; pero... nada, me quedo en blanco. *¿Qué hago? ¿Dónde se ha ido mi memoria?* Sé la respuesta: estrés crónico..

El estrés crónico no es una pinche broma: puede matar células cerebrales y reducir la corteza prefrontal, la parte del cerebro encargada de la memoria y el aprendizaje. Incluso hay datos que sugieren que el estrés crónico puede encoger todo tu cerebro. Joder, eso no es bueno. Creo sinceramente que esto me está pasando a mí, y siento que me vuelvo más tonta a cada segundo. ¡Vete a la chingada, adicción! Me has dejado con la sensación de tener un cerebro del tamaño de un chícharo.

Cuando mis pacientes experimentan una niebla cerebral o una pérdida de memoria similar a ésta, suelo explicarles que el cerebro puede compararse a una computadora. Cuando hay demasiadas ventanas abiertas o programas en ejecución, se ralentiza porque está utilizando una tonelada de memoria. Para mejorar su rendimiento, tienes que cerrar algunos programas y dejar que tu cerebro descanse. Entonces oigo a menudo: "Pero si ya no puedo descansar; ni siquiera sé lo que es eso". Decido volver a casa y reflexiono sobre si quedarme acostada en la cama puede ser la peor opción para mí. "¿Qué es lo que me gusta hacer? ¿Qué me da paz?".

Seguí conduciendo y reflexionando, olvidando la pregunta que me había hecho. Luego volvía a recordarla; esto sucedió probablemente tres veces. Todo parece tan confuso fuera de mi parabrisas, como si la naturaleza fuera sólo diferentes variantes de colores grises. Entonces, arriba a mi izquierda, veo mi vivero de plantas favorito, y me detengo rápidamente. Mientras caminaba por el invernadero, sentí que se me bajaban los hombros, se me aflojaba la mandíbula y todo mi cuerpo empezaba a relajarse por el mero hecho de estar en este entorno. Mientras escaneo las suculentas y me fijo en sus vibrantes colores, me atrae lo que más tarde me entero que se llama la Mezcla de Portulacas. Tiene un follaje carnoso y delicadas flores florecientes; parecen dulces y me hacen sentir reconfortada. La mujer que trabaja en la recepción me dice que atraerá mariposas y abejas. Una visión soñadora llena mi cabeza, en la que estoy sentada sobre una almohada de meditación con mariposas rodeándome mientras mojo un cazo de miel. Seguro que es poco realista, pero ahora pienso: *"Sí, esto es lo que necesito"*.

Cuando llego a casa y saco la enorme bandeja de flores, me doy cuenta de que ni siquiera pregunté por las instrucciones de cuidado de la planta, y empiezo a reprenderme. En psicología, esto se considera autoconversación negativa. La autoconversación negativa es tu diálogo interior crítico o negatividad excesiva (p. ej., "soy una idiota, soy tan olvidadiza") que puede llevarte por el oscuro camino de las distorsiones cognitivas (p. ej., catastrofismo, culpabilización). Disminuye tu confianza en ti mismo y tu capacidad para realizar cambios positivos. Cuando la autoconversación negativa se convierte en habitual, puede alterar tu realidad, creando una experiencia en la que no puedas tener éxito en ninguna de las metas que te propongas. Es una pendiente resbaladiza, y he sido testigo de los efectos reales en mis pacientes, mi familia y yo misma. Siempre me esfuerzo por contrarrestar su impacto porque sé la relación vital que existe entre la autoconversación negativa y la disminución de la motivación, la depresión y los sentimientos de desesperanza, todo lo que quiero evitar. Por desgracia, mi tipo de autoconversación negativa es la de un padre crítico. En lugar de replantear mis pensamientos utilizando la TCC o una afirmación positiva para calmar este hábito, me convierto en una adolescente y empiezo a gritarle a mi padre crítico interno: *"¿No estás cansada de esto? ¿Puedes CALLARTE?"*.

Tras este arrebato interno, recuerdo que hay otras formas de aprender a cuidar estas plantas, como leer la tarjeta de cuidados que suele sobresalir del suelo. Así que miro a mi alrededor y, ¡ajá! ¡encuentro la delgada tarjeta de plástico vertical! Me mojo el dedo y aparto la tierra para poder leer la letra pequeña:

Se me llenan los ojos de lágrimas mientras paso de la risa al llanto. Pero, claro, ¡son las flores que elegí! Me siento en la entrada de mi casa, me limpio los mocos y contemplo las flores. Me encanta este mensaje que tan desesperadamente necesitaba hoy: Incluso en un suelo de mierda, puede surgir la belleza. Siento un momento de paz. Si estos impresionantes bebés florales pueden prosperar en lo peor de lo peor, quizá yo también pueda. Aunque esté aturdida, autocrítica y aletargada, quizá pueda prosperar en medio del dolor.

Con el rímel corriendo por mis mejillas, siento que el entumecimiento se desvanece un poco y surge un atisbo de esperanza, con un profundo saber en mis huesos. Mi mantra es claro: Soy Portulaca.

Amor propio ≠ Egoísmo

No podía creer cuántas canas habían brotado durante la adicción de mi marido. Me parecía que cada día tenía el cabello blanco, que me salía por la parte central, y no podía creer lo que tenía en la cara: la línea del entrecejo se había hecho más profunda y las bolsas de los ojos eran más marcadas y notorias. El maquillaje me ayudaba, pero algunos días me sentía demasiado cansada para cuidarme. Como mis sesiones de terapia eran online, me dejaba la sudadera puesta, asegurándome de estar presentable de cintura para arriba. Gasté botes y botes de champú seco, porque lavarme el cabello era una tarea pesada. Siempre fui bastante buena con mi higiene y mi aspecto, ya que desde muy joven me inculcaron que eso era importante, pero ya no tenía energía. Mi madre no salía de casa sin maquillaje, y yo sabía que obtendría su aprobación y respuestas positivas si tenía buen aspecto; por lo tanto, esto era un gran "no-no". Pero en realidad ya no me importaba. Mi hijo estaba bien, e incluso mi marido estaba bien cuidado, pero yo parecía haber tenido un accidente de auto. Irónicamente, mi masajista me preguntó: "¿Has tenido un accidente de auto?". Le contesté: "No", pero no dejaba de comentar que debía de haber ocurrido algo grave. Finalmente, le contesté: "Bueno, estoy atravesando uno de los momentos más duros de mi vida, así que quizá sea eso". Se quedó callada. " Carajo. "Tengo que cuidarme más", pensé.

Cuando mi marido fue finalmente a rehabilitación, mi madre vino a ayudar de la forma especial que sólo ella puede hacerlo. Su forma de quererse a sí misma y a los demás se manifestó a través del movimiento físico y el cambio del entorno: purgar trastos, reorganizar muebles y transformar espacios. Aquí es cuando mi mamá cobra vida. Me encanta cómo entraba y transformaba la casa con tanto entusiasmo, sorprendiéndome casi cada hora con sus cambios, mientras yo yacía abatida en la cama. Se emocionaba con cada objeto que yo le daba permiso para desechar, ya fuera a través de la basura o haciéndolo añicos. Mi mamá me devolvió a la vida utilizando su truco único para liberar el dolor, que consiste en romper. Lanzamos varios jarrones de cristal contra un muro de concreto que había detrás de la cochera.

Ver explotar los jarrones era emocionante, una verdadera liberación. Comentábamos qué jarrón hacía el mejor ruido al romperse y nos reíamos.

Le poníamos nombre a un vaso o jarrón diferente, especificábamos lo que representaba y lo rompíamos. Si había plantas en macetas de cristal que se habían quedado pequeñas, nos poníamos gafas de sol, colocábamos una manta y les dábamos con un martillo. Tenemos videos que lo documentan, y sé que parecemos locas. Creo que este tipo de "terapia" es un pasatiempo familiar. Recuerdo haber oído que mis primos compraron un montón de figuritas de escayola en una venta de garaje y las alinearon en un soporte en el exterior para practicar tiro al blanco. Viven en el campo, donde disparar armas es tan rutinario como lavarse los dientes. Aprendieron de los mejores, ya que mi tía ató el viejo andador de mi abuela a la parte trasera de su camioneta y condujo por su rocoso camino de entrada hasta desmembrarlo por completo. Hay algo realmente terapéutico en ver cómo se destruye por completo algo asociado a un momento difícil. Sentía como si pudiera ejercer cierto control sobre la destrucción, sobre todo teniendo en cuenta lo mucho que el adicto ya había destruido. Mi mamá me enseñó esta forma única de amor propio.

El amor propio es un estado de aprecio por uno mismo que crece a partir de acciones que apoyan nuestro crecimiento físico, psicológico y espiritual. Cuando tenía en alta estima mi bienestar y mi felicidad, practicaba el amor propio. Demuestro amor propio ocupándome de mis propias necesidades y no sacrificando mi bienestar para complacer o servir a los demás. Romper chingaderas y mover físicamente mi cuerpo se convirtió para mí en una nueva forma de amor propio. Sentí como si el trauma, la rabia, la pena y la tristeza se movieran a través de mí y se liberaran.

Es cierto que no llegué a esta conclusión por mí misma. Mi marido estaba en rehabilitación, y a mí se me concedió este breve momento para mimarme. Curiosamente, a menudo me sentía culpable o egoísta cuando practicaba el amor propio. Cuando desapareció mi opción de intervenir y "salvar" al adicto, tuve que centrarme en mí misma. Empecé a ser madre de mí misma; al principio, me sentí egoísta. Sin embargo, cuanto más me honraba, más presente estaba y empecé a gustarme de nuevo. Si alguna vez te cuestionas dedicarte a tu forma de amor propio, por favor, te prometo que no eres egoísta. Estás haciendo exactamente lo que necesitas hacer.

Recuerda Quien Eres

En nombre del amor propio, decidí rotar el colchón de nuestra cama. Esta decisión se tomó con claridad. Se acabó la espera; había llegado el momento de afrontar la verdad de que mi huella ocuparía su lugar. Me había puesto a la altura de las circunstancias y existía como madre y como padre, como protector y como criador. La huella era algo de lo que sentirse orgulloso. Marcaba a la que se quedaba, elegía ser madre y sabía cuál era mi lugar. La huella ya no me entristece porque representa la lealtad, la responsabilidad, el amor y la devoción. Siempre estuve al lado de nuestro hijo.

Después de girar el colchón, subí a mi hijo al autobús, me senté en el porche trasero y disfruté del frío de la mañana. Cogí un bloc de notas y empecé a dibujar mientras escuchaba el sonido de los pájaros en el árbol que había sobre mi cabeza. *"¿Podría ser la vida así de sencilla y tranquila?"*. pensé para mis adentros. Mi mente se agitó de repente, señalando que había peligro o algo que había olvidado, pero no, no había nada. Sólo había paz. Y me sentí tan jodidamente bien.

Mi amigo Tim me decía que tenía sentido que me sintiera nerviosa porque no estoy segura de cómo será mi vida. Recuerdo haber asentido con la cabeza y tener una imagen en blanco de mi futuro. ¿Era así como podría ser mi vida? Si era así, me gustaba mucho la idea. ¿Podrían ser mis mañanas tranquilas, unos días dedicados a mis clientes y otros disponibles para descansar, el arte o la escritura? Pensé que mi realidad actual, en la que me sentía como envuelta en una cálida y acogedora manta ponderada, podría ser mi día a día. Podría sentirme protegida para experimentar la paz. Me lo merecía y yo lo crearía.

Cuando me senté con mis deseos, me di cuenta de que mi lado creativo anhelaba ser reconocido, que mi capacidad para escribir y dibujar estaba siendo descuidada, y que estas "herramientas" mías, que están fácilmente disponibles, podrían proporcionarme la estabilidad que necesitaba.

El amor propio puede significar cosas distintas para ti: puede ser darte prioridad a ti misma apuntándote a esa clase de cerámica que siempre has querido tomar, o puede ser inclinarte hacia tu lado espiritual en lugar de quedarte en casa viendo misterios de asesinatos en repetición.

El amor propio consiste en hablarte a ti misma y de ti misma con amor. Creo en las afirmaciones "Yo soy" o "Yo confío". "Puedo mostrarme la compasión que muestro a los demás" o "Confío en que se me revelarán relaciones sanas" son ejemplos de afirmaciones que te dan fortaleza. ¿Sabes el dicho "finge hasta que lo consigas"?

Puede aplicarse aquí. Si te cuesta generar amor propio, el mero hecho de pronunciar estas frases puede ayudarte. Pueden hacerte sentir que algún día podrás con ello. No te centres en que el amor propio llegue inmediatamente, porque te parecerá extraño cuando empieces. Pero ésta es una de las principales cosas que puedes hacer en tu propia recuperación.

Permítete alejarte de la situación y centrarte en tu vida. He aquí un mantra útil: "Me elijo a mí mismo". Inhala. Exhala. Repítelo. Puedes añadir alguna palabrota: "Me elijo chingadamente a mí mismo"; "Me elijo a mí mismo, a la chingada". Cualquiera de ellas sirve.

Gentil Aviso

Vale la pena mencionar que a veces los actos de amor propio pueden enfadar más al adicto. Puede que te acuse de empeorar su adicción, de no preocuparte por él, o incluso que te llame con algunos improperios que no nombraré. Puede que te encuentres en el extremo receptor de su ira cuando empieces a establecer límites saludables: dejar de responder a los mensajes de texto a partir de cierta hora, abstenerte de prestar dinero o dejar de excusarle ante tu familia. No pasa nada. Te prometo que no estás haciendo nada malo. Ellos se adaptarán, igual que tú tuviste que adaptarte a su adicción al principio. No dejes que su dureza te impida recuperar tu vida.

Tiempo de Reflexión

Si amas a un adicto, cabe suponer que has experimentado estrés crónico. ¿De qué formas se manifiesta para ti el estrés crónico? Puede ser una manifestación física o mental, o ambas..

____

____

____

____

____

¿Alguna vez te hablas negativamente a ti mismo? Si es así, ¿a qué o a quién te suena?

____

____

____

____

¿Cómo puedes contrarrestarlo?

____

____

____

____

Tómate un momento para pensar en lo resistente que eres. Puedes prosperar en las peores condiciones. ¿Cuáles son algunas formas de apoyarte cuando experimentas síntomas de estrés crónico? No hace falta que seas creativo, simplemente piensa en lo que te permite exhalar aunque sólo sea un poco. Hazlo sencillo y rellena la siguiente lista:

1. _______________________________
____

2. _______________________________
____

3. _______________________________
____

4. _______________________________
____

5. _______________________________
____

¿Cómo defines el amor propio?

____
____
____
____
____

¿Qué aspecto tiene esto para ti?

____
____
____
____
____

¿Cómo puedes incorporar esto a tu vida
diaria?

____

____

____

____

____

Tómate un momento para escribir un
recordatorio de que no estás haciendo nada
malo cuando practicas el amor propio.

____

____

____

____

____

Traza la siguiente declaración:

PRACTICARÉ
EL AMOR
PROPIO.

CAPÍTULO SIETE
Escucha a Rafiki

El Rey León se estrenó en 1994; yo tenía entonces 10 años. Decir que me encantaba El Rey León sería quedarse corto. Conseguí el libro de **El Rey León** y un cassette con la banda sonora, y lo ponía repetidamente en mi habitación inspirada en Jackson Pollock. Sí, mi mamá me dejaba pintar mi habitación como los cuadros de Jackson Pollock (te quiero, mamá). Antes de pasar la cinta a la cara B, ponían la sección con Rafiki. Rafiki es un espíritu afín, un chamán, un guía espiritual, y me encanta. Adoro su risa, su dibujito de Simba cuando se da cuenta de que sigue vivo y, sobre todo, su bastón.

Rafiki me parece un alma vieja a la que debería escuchar. Me encantó la parte en la que golpea a Simba en la cabeza con su bastón. En respuesta a la pregunta de Simba sobre por qué le golpeó, Rafiki dice rápidamente que no importa; ¡está en el pasado! Mientras Simba se frota la cabeza, murmura que el pasado aún puede doler. Rafiki le da la razón dulcemente, pero añade que se puede huir del pasado o aprender de él. Me encantó cómo Simba esquivó el siguiente intento de Rafiki, agarró el palo de Rafiki y lo lanzó, todo mientras Rafiki se reía, disfrutando de la reacción de Simba.

Mirando hacia atrás, el mensaje de Rafiki fue como un presagio. Me golpearía con aquel palo un par de veces, pero cogería aquel maldito palo y lo lanzaría lo más lejos que pudiera (como la tostadora). Llevé el mensaje conmigo y afronté el hecho de que aprender del pasado requeriría vulnerabilidad, responsabilidad y evolución. No, no había experimentado el mismo trauma que Simba, pero era una persona cambiada, y ambos preferíamos aislarnos a enfrentarnos a las duras verdades de nuestras vidas. Aunque preferiría comer bichos y tumbarme con Timón y Pumbaa, no era para eso para lo que estaban hechos nuestros viajes.

La verdad duele, pero evoluciona de todos modos

La verdad duele um chingo; el pasado duele duele un chingo. Te destroza que tu ser querido pueda no ver nunca la luz, y tú tengas que ser testigo de ello. Por supuesto, debido a tu amor por ellos, puede que no quieras hacer lo necesario. Sin embargo, el amor que sientes por ti mismo debe ser aún más fuerte. Simplemente es así.

Esto puede requerir que te marches. Esto puede requerir que establezcas límites que te incomoden. Esto puede requerir que limites su tiempo con tus hijos. Esto puede requerir que recuperes tu propio auto. Puede que tengas que crecer y evolucionar como persona. Independientemente de la difícil posición en que te hayan puesto, recuerda que la transformación no es conveniente, y que a menudo se requieren inconveniéntes para un cambio auténtico.

En un momento dado, estaba muy enfadada con mi marido porque no quería volver a terapia. Estaba resentida con él porque pensaba: "Sólo tengo problemas por su culpa; es *su* culpa". Estaba enfadada porque sus problemas me obligaban aparentemente a analizar mis elecciones, haciéndome evolucionar en última instancia. Sinceramente, no fui yo quien se dio cuenta de esto; fue Kate, la sabia amiga psicóloga que mencioné antes. Me dijo: "Parece que estás muy enojada porque te está haciendo evolucionar". "Sí, Kate, ¡MUY BIEN, tienes razón! Pero no tengo por qué alegrarme por ello", respondí.

La Verdad Detrás del Juego de las Culpas

Al decir *"¡todo es culpa tuya!"* decía que él controlaba la situación y me quitaba el control. Tenía todo el derecho a sentirme así porque sus acciones me hirieron profundamente y afectaron a mi vida. Sin embargo, hacer una afirmación global como *"¡todo es culpa tuya!"* me parecía interesada y autocomplaciente. Me distrajo de mis oportunidades de crecimiento personal, proporcionándome una excusa para no perseguirlas.

Me encontré en una espiral de culpa. Esto me provocaba intensos sentimientos de tristeza y rabia. A menudo visualizaba a una bruja con una gran verruga en la nariz, inclinada sobre su olla hirviendo. Cuando observaba mi reflejo en sus burbujas, sus ojos se abrían de par en par y susurraba "sssssi, sssssi" cuando las burbujas aumentaban de tamaño. Cada vez que hablaba, vertía negatividad, cosa que yo despreciaba. Sin embargo, culparle se había convertido en un hábito, algo familiar. Era como un músculo que ejercitaba a diario hasta que se volvía enorme. Se convirtió en un patrón constante y predecible. Me acomodé a ese patrón durante un tiempo, aunque me perjudicaba.

Más tarde me di cuenta de que holgazanear en

mi nube de culpa era en realidad una forma de evitación experiencial que, al final, exacerbaba mis problemas. Desde la perspectiva de la TAC, la evitación experiencial se produce cuando una persona evita continuamente ciertos sentimientos, pensamientos o recuerdos que le causarán angustia. Si tenía que cambiar de vida y dejar de culpar a mi marido, sabía que probablemente tendría que separarme, y esto me causaba un dolor punzante en el pecho. Separarme me obligaría a enfrentarme a mis miedos en torno a estar sola, la inseguridad económica y ser madre soltera, por nombrar sólo algunos. No quería pensar en ello ni sentir ni un momento de ese dolor, pero en el fondo sabía que mi músculo de Schwarzenegger de la culpa tenía que atrofiarse; era inevitable....

La evitación experiencial se mantuvo tanto tiempo que se convirtió en un pilar de mi vida, lo que condujo a la fusión cognitiva. La fusión cognitiva se produjo porque me apegué tanto a mis pensamientos que éstos se convirtieron en mi realidad: somos las historias que nos contamos a nosotros mismos. Me etiquetaría y limitaría con la narrativa que creé en mi mente en torno a su adicción en relación conmigo. Por ejemplo, pensaba: "No puedo irme a dormir hasta que esté a salvo en casa", o "Soy una fracasada porque no consigo que busque ayuda", o "Si la gente sabe lo de su adicción, me juzgarán como esposa y terapeuta". Estas afirmaciones eran duras y tan jodidas de decirme a mí misma, pero era muy fácil caer en ellas. Una vez que me las repetía, empezaba a creérmelas. Una vez que me las creí, se convirtieron en "reglas" en mi vida. Estas "reglas" me impedían ver mis opciones.

Apoyándome en mi formación en la TAC, ayudé

a desafiar estas "reglas" que yo había creado. No me gusta la autoridad. Entonces, ¿por qué dictaba mi vida y me ataba a estas estúpidas reglas? Tuve que desafiar estos pensamientos y distanciarme de estas normas perjudiciales. Aunque me sentí como si quitara una tirita vieja y pegajosa de una herida infectada, empecé a hacerlo despacio, con compasión y acción. Si me quedaba despierta hasta tarde hasta que llegaba a casa, sólo conseguía estar más cansada al día siguiente y menos presente para mi hijo, lo que inevitablemente repercutía en mi visión negativa de mí misma. Así que, en lugar de eso, me fui a la cama cuando estaba agotada. Me desperté al día siguiente y el mundo no había estallado. Cuando me sentía fracasada porque no empezaba el tratamiento, escribía una lista de las cosas que había conseguido y la afirmación: "Sólo soy responsable de mí misma". Cuando sentía el impulso de poner excusas por él, iba a una reunión de Al-Anon o llamaba a un amigo. Me recordaban que sus elecciones no eran un reflejo de mí, y que no tenía que esconderme ni limpiar su desastre. Cuando me encontraba en un estado mental relativamente sano, intentaba ampliar mi perspectiva y profundizar mucho más, como Rafiki, buscando sabiduría en verdades más profundas.

Todo Depende De Cómo Lo Enmarques

Voy a ponerme espiritual contigo: es sólo mi forma creativa de pensar y de ver la vida, así que ten paciencia conmigo. La estructura podría ser más clara: "Supongamos que la Tierra es una escuela donde nos enseñan que las cosas percibidas como "malas" que nos ocurren no se deben a la "mala suerte" o al "azar", sino que nos han sido dadas como regalos para nuestra evolución. Cuando empiezo a caer en una espiral negativa, me siento y pienso: *"¿Qué se me está pidiendo que aprenda de esta experiencia?"*. Quizá se me está pidiendo que aprenda a amarme a mí misma, que demuestre más compasión o que acepte la ayuda de los demás y reconozca cuándo no puedo manejar las cosas por mí misma. Cuando se trata de la vida o del más allá, suelo decir: "Lo único que sé es que no lo sé". Ninguno de nosotros sabe realmente lo que ocurre en esta vida, en la galaxia y en el más allá; sin embargo, como humanos, a menudo nos sentimos impulsados internamente a encontrar un sentido, que es probablemente la razón por la que veo las cosas de este modo (Pero me resulta útil; ¡por eso lo comparto!). La próxima vez que sientas que la escuela de la vida te impone una lección a la fuerza, pregúntate: *"¿Qué me estoy perdiendo? ¿Qué necesito aprender?"*. Hazte estas preguntas con suavidad y cariño. Está bien que no lo entiendas, pero, sinceramente, yo ni siquiera sé por qué estoy rodeada de adicción. Si por mí fuera, no lo haría, pero hay algo que me ha conducido hasta aquí y, por eso, me apoyaré en mi experiencia y creceré.

Quiero reconocer lo mucho que he crecido. Empecé a centrarme en mi vida. Empecé a escribir y a dibujar, en lugar de pasar directamente de las sesiones a la rutina nocturna con mi hijo. Incluso contraté a una niñera para poder asistir a una clase de yoga. En el pasado, me habría sentido inmensamente culpable si no hubiera pasado con él cada momento que estaba despierta. Pero para ser la mejor mamá y persona en general, primero tenía que cuidar de mí misma. De todas formas, ¿qué le estaba modelando? ¿Exigirme al máximo? Le debo un mejor ejemplo a él y a mí misma..

¿Alguna vez te has sentido frustrado, estupefacto, enojado o confundido sobre por qué estabas pasando por esta experiencia con el adicto?

____

____

____

____

¿Qué crees sobre por qué ocurren determinadas experiencias en tu vida?

____

____

____

____

¿Puedes reformular tus pensamientos para ver esto como una oportunidad de evolucionar?

____

____

____

____

¿Cómo puedes empezar a volver a centrarte en tu vida y dejar de atribuir culpas?

____

____

____

____

¿Puedes darte permiso para liberar cualquier sentimiento negativo relacionado con priorizarte a ti mismo?

____

____

____

____

____

____

Repite conmigo ESTO DUELE PERO EVOLUCIONA DE TODAS FORMAS

Recuerda:

"Estos son los días que deben sucederte." – Walt Whitman

CAPÍTULO OCHO
Contienes Multitudes

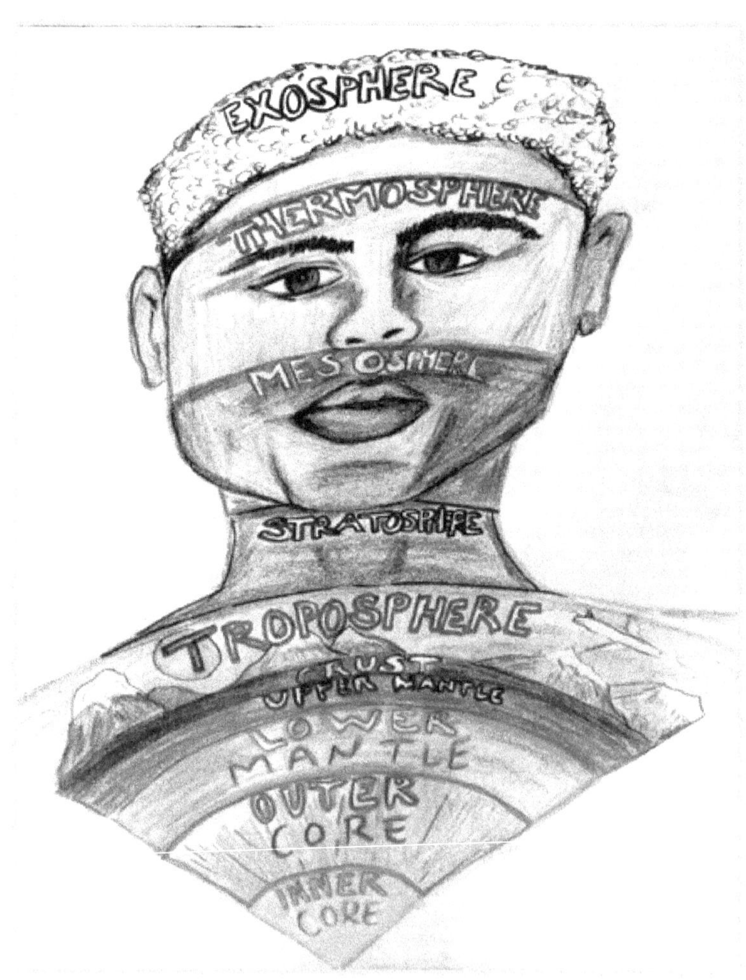

Como probablemente te habrás dado cuenta, he estado en el infierno y he vuelto, y he vuelto otra vez. A través de este barro espeso, asqueroso y pegajoso, he aprendido que lo que resistes persiste; así que lo mejor es rendirse. Como terapeuta licenciada y como ser humano que se enfrenta a los efectos de la adicción, comprendo que cuando estás en medio de ella -justo en el corazón de ese túnel- puedes perderte a ti mismo. Es oscuro, desorientador y, francamente, huele a mierda. He descubierto que reclamar la propiedad de tu vida es la mejor manera de iniciar tu viaje a través de ese túnel hacia el otro lado, aunque puede que aún encuentres restos de barro duro y seco pegados a tu piel.

Después de atravesar este dolor junto a mí, os insto, queridos lectores, a que prioricéis el autocuidado. Sí, te lo mereces, y me atrevería a adivinar que lo necesitas. Verás, eres más de lo que probablemente te atribuyes. Para decirlo con más elocuencia, citaré al gran Walt Whitman: *"Soy grande. Contengo multitudes"*. Deja que me explique. Cuando amo a un adicto, el poema que más consuelo y comprensión me proporciona es *Canciones de mí mismo, 51*, de Walt Whitman. Escribió:

*El pasado y el presente se marchitan: los
he llenado, los he vaciado.
 Y procedo a llenar mi siguiente pliegue
del futuro.
Escucha allá arriba, ¿qué tienes que
confiarme?
 Mírame a la cara mientras apago el
acento de la tarde,
 (habla con sinceridad, nadie más te oye,
y yo me quedo sólo un minuto más).
¿Me contradigo?*

Muy bien, entonces me contradigo,
(Soy grande, contengo multitudes.)
Me concentro hacia los que están cerca,
espero en la losa de la puerta.
¿Quién ha terminado su jornada de trabajo? ¿Quién terminará más pronto su cena?
¿Quién desea caminar conmigo?
¿Hablarás antes de que me haya ido?
¿Demostrarás que ya es demasiado tarde?

Cada vez que me acerco a "El Agobio", leo esta hermosa pieza de la primera poesía estadounidense y me siento vista. La ironía, la seriedad, el humor cauteloso y las contradicciones de esta obra me hacen sentir segura. A menudo pienso que si Whitman, Ashcroft y Rafiki fueran contemporáneos, serían mejores amigos. Puedo oír a Whitman hablándome desde más allá de la tumba, ofreciendo sabias palabras a quienes aman a un adicto. Por supuesto, muchos consideran que Whitman se dirige a alguien o algo más grande que él. Algunos lo interpretan como Dios, mientras que otros piensan que se dirige al lector. Sin embargo, yo creo que se está comunicando con una entidad a la que confía sus verdades más profundas.

Esto es lo que oigo y siento:

La vida es locamente rápida. No te contengas.

1. Sé sincero. Sé sincero contigo mismo y con los demás. No hay vida en vivir en la negación, el miedo o el pasado.

2. No des demasiadas vueltas porque la vida se acaba en un abrir y cerrar de ojos.

3. Sé presente. Aprovecha este momento.

4. No te vendas barato. No eres una cosa; eres muchas cosas. Siempre estás evolucionando.

Eres Vasto

"Soy Grande. Contengo Multitudes". Esta sencilla afirmación es para ustedes, queridos lectores, porque contienen multitudes. No eres sólo esta experiencia. Aunque la adicción lo consume todo y es compleja, tú también eres complejo; por tanto, ésta no es tu única identidad ni tu único viaje en la vida. Estás lleno de partes hermosas que necesitan ser vistas. Eres inmenso. Si te alejas y miras tu vida desde una perspectiva macro, como si estuvieras sentado en la Luna observándote como la Tierra, verás todas tus capas, hasta la exosfera, y las tormentas que has capeado, desde terremotos hasta avalanchas. Si miras en tu interior, más allá de la carne y los huesos, encontrarás las capas de tu ser, tu esencia, lo que te hace ser... tú.

Aunque podemos obtener muestras del manto de la Tierra para realizar mediciones directas, no es posible acceder a muestras del núcleo de la Tierra. Aún así, sabemos que existe, aunque no podamos examinarlo físicamente. Al igual que la Tierra, en tu interior existe un núcleo no físico que sabemos que es poderoso, aunque no podamos observarlo con un microscopio. Esta parte de ti es sagrada, una parte que debes proteger, y la protección puede llegar replanteando la forma en que ves tus experiencias.

Puedes considerar tu experiencia de amar a un adicto como el asteroide masivo que se prevé que derribará la Tierra. O puedes verla como la rotura de la tubería que inundó tu sótano, deformando ligeramente tu suelo de madera. En lugar de meterte en el agua para usar un aspirador (sí, Chelsie y yo lo hicimos sin electrocutarnos hasta morir), puedes llamar a un experto. Pueden ayudarte a reconstruir esos suelos y encargarse de lo que a ti te falte. No tienes que sentirte completamente abrumado por la situación; reconocer tus límites y comprender cuándo algo está más allá de tu capacidad es la clave. Puede ser un pequeño parpadeo en el radar, no el destructor de vidas que pensabas que sería.

Puesto que contienes multitudes, no seguirás siendo el mismo, porque nunca se supuso que lo fueras a ser. Espero que comprendas que, aunque amar a un adicto es trágico y desastroso, no te corresponde a ti arreglarlo. Mediante la aceptación y la concentración en ti misma, las cosas pueden mejorar y mejorarán. Esto no es mera positividad tóxica. Todo mejorará, no "todo será mejor", pero sí que mejorará. Sin embargo, cuánto "mejore" dependerá de ti. Es un hecho que la vida te lanzará algunos retos de mierda, pero recuerda que tú controlas tu respuesta. Puede que te sorprendas a ti mismo con tu capacidad para manejar incluso las peores circunstancias.

Aunque no puedo prometer, y nunca prometería, un "final de cuento de hadas" con "bucles cerrados" y "bordes doblados" (porque eso no existe), puedo prometer que hay libertad en reencontrarte a ti mismo y abrazar lo "agridulce". Es duro y caótico, y a veces el camino para liberarte de las garras de la adicción te parecerá demasiado difícil de soportar, pero debes saber que no estás sola y que tú eres todo lo que necesitas. ¿Me contradigo? Muy bien, entonces me contradigo :)

AGRADECIMIENTOS

Este libro no existiría sin Timothy Gordon, alias "El Trabajador Social Zen". Hay pocas personas en este mundo que lleguen y te vean de verdad, con defectos y todo, y sepan que eres grande, incluso antes que tú, y te inviten a elevarte a esa grandeza. Esto es lo que Tim hizo por mí. Le estaré eternamente agradecida.

Leslie: Nada de lo que escriba aquí podrá expresar adecuadamente mi gratitud hacia ti. Has sido uno de mis mejores maestros. Gracias por permitirme incluir tu historia tal y como yo la veo. Eres jodidamente valiente. Te quiero.

Mamá y papá: Esto es un recordatorio de que son unos padres geniales :) Son dos luces vibrantes que, juntas, crean un foco que me lleva a casa. Gracias por traerme a este mundo y por amarme con todo su corazón. Los amo inmensamente a los dos.

T: Gracias por crear a la hermosa persona que es nuestro hijo. Gracias por las lecciones que crearon un desvío bienvenido: este libro. Te quiero, pero sigo *odiando* tu adicción :)

Jules Micah: Algún día leerás esto, y aunque a veces me preocupa, sé que sacar la verdad a la luz es siempre lo mejor. Espero que siempre lo hagas por ti. Te quiero.

Keagan y Bella Tengo tanta suerte de haberlos visto crecer a los dos desde que nacieron hasta convertirse en los genios creativos que son. Los quiero mucho a los dos.

Chelsie: Eres mi compañera en el crimen y mi mejor amiga de por vida. No podría haber sobrevivido a aquel verano sin ti. Gracias a Dios por Michael Bolton. Te quiero.

Kate: Gracias por tu mente brillante y por no temer nunca decir la verdad. Eres un regalo.

Heather: Gracias por leer con entusiasmo cada uno de mis escritos y por darme retroalimentación y apoyo sin fin. Ya hemos vivido esta vida juntas. Las sincronicidades son innegables, y todo empezó en aquel sofá de Astoria, viendo "La Conversación".

Lisa: Mi hermana amiga, eres un rayo de luz dorado/rojo que llena mi copa. Gracias por ser tú.

Yvette: Tus palabras y tu apoyo me ayudaron a salvarme en lo más profundo de mi dolor. Tu aliento evitó que dudara de mí misma. Os estoy muy agradecida (¡un saludo a Bella y a Dave!).

Malaika: Gracias por vuestra vulnerabilidad y por guiarme hacia el sistema de apoyo que no sabía que necesitaba.

Megan: Eres mi socio manifestador y mi hombre de la publicidad. Gracias por ayudarme a dar un paso hacia mi grandeza. <3

Anya: Desde el momento en que compartí contigo la idea de este libro, me animaste. Te quiero. Xx.

Usher: No puedo agradecerte lo suficiente por haber traído este libro al mundo. Gracias por arriesgarte conmigo y creer en los poderes de sanación de este libro.

A todos los de Library Tales Publishing: ¡Gracias por trabajar en este libro y apoyar mi visión!

He recibido aliento, apoyo e inspiración de muchas personas, entre las que se incluyen: Tonya, Kristie, Kolina, Gina, Margarita, Anna, Amelia, Marsha, Livy, las señoras Xinalani, Taylor, Lana, mis suscriptores y todos mis clientes, pasados y presentes.

ACERCA DEL LIBRO

Hey Adicción, ¡Gracias por NADA!:
Una Guía Brutalmente Honesta para Amar a un
Adicto Sin Perder la Cabeza

por Meredith Beardmore

"Hey, adicción, gracias por NADA: una guía brutalmente honesta para amar a un adicto sin perder la cabeza" son unas memorias de autoayuda escritas por Meredith Beardmore, LMHC, terapeuta experta en abuso de sustancias. Pensó que su experiencia profesional la protegería a ella y a sus seres queridos del devastador impacto de la adicción; se equivocaba. Como muchos, vio cómo la adicción se filtraba en todas las facetas de la vida de sus seres queridos, arrastrándola a ella al fuego cruzado. La adicción es indiscriminada, ciega al sexo, al estatus socioeconómico y al puesto de trabajo: atrapa a todos en sus daños colaterales.

Frustrada por la falta de recursos útiles, Meredith decidió crear una guía para comprender y sobrevivir a la adicción de los seres queridos, con el objetivo de salir de sus sombras. Con una voz autorizada, aderezada con humor, ofrece consejos prácticos para navegar por esta desalentadora realidad.

¿Quién mejor para ayudar que una terapeuta que ha estado ella misma en las trincheras? Meredith deja atrás el barniz profesional y opta por la honestidad, la inclusión y la autenticidad. Comparte sus experiencias de amar a un adicto y sus

pruebas y fracasos a la hora de impedir que el
adicto destruya sus vidas.

Utilizando ilustraciones descarnadas para ilustrar
los extremos desesperados a los que llega la gente
para ayudar a sus adictos, Meredith ofrece a sus
lectores una sensación de identificación y validación. Incorpora técnicas de varias modalidades
de tratamiento, como la Terapia de Aceptación y
Compromiso, la Terapia Cognitivo-Conductual y
las Técnicas de Artes Expresivas, para guiar a sus
lectores fuera del trauma y de vuelta a sus vidas.

"Hey Adicción" es una guía auténtica pero autorizada, que proporciona las mejores prácticas,
ejercicios de reflexión y una dosis de humor para
abordar la dura realidad de amar a alguien con
una adicción.

SOBRE LA AUTORA

Meredith Beardmore, psicoterapeuta que opera una consulta privada a las afueras de Nueva York, también es conocida como "Mend with Mere" por su exitoso canal de YouTube. Es licenciada por la Universidad Estatal de Ohio y tiene una maestría en Consejería Clínica de Salud Mental. Meredith está especializada en el tratamiento del abuso de sustancias, en ayudar a miembros de la familia de adictos y en tratar a adultos emergentes con diversos problemas, desde el desarrollo de la identidad hasta la depresión. Emplea enfoques terapéuticos como la Terapia de Aceptación y Compromiso (TAC), la Terapia Cognitivo-Conductual (TCC), la Terapia Centrada en el Cliente, e integra técnicas de Mindfulness y Artes Expresivas. Meredith, antigua coordinadora de AOD en el Iona College, forma a terapeutas sobre el consumo de sustancias y el suicidio de clientes, lo que les permite obtener créditos de formación continua para la renovación de su licencia profesional en el estado de Nueva York. Su canal de Youtube, "Mend with Mere", inicialmente destinado a debates terapéuticos, se convirtió en una plataforma para analizar letras de canciones, principalmente de Taylor Swift, consiguiendo más de 13.000 suscriptores y 100.000 horas de visionado. El trabajo de Meredith también incluye charlas públicas y contribuciones al libro de Colman McCarthy, Enseñar la Paz. Tras haber vivido la experiencia de amar a personas con problemas de adicción, Meredith ofrece su visión personal y profesional a través de sus artes expresivas y el humor a otras personas en situaciones similares. Reside con su perro, Reese, y su hijo, Jules, en New Rochelle, NY.

9 79 8 8 8 9 4 4 1 0 0 5 0